Michael Brückner

Kompakt-Ratgeber

GOLD und Silber zur Vermögenssicherung

Alles, was Einsteiger wissen sollten

Frank&Frei

Inhalt

Vorwort von Thomas Bachheimer

Werte Leserinnen und Leser,

als Chefökonom der Goldvorsorge, Präsident des Goldstandard Institutes und jemand, der in der Welt der Edelmetalle gut bekannt und vernetzt ist, freue ich mich über die Veröffentlichung dieses umfassenden Ratgebers zum Einkauf von Edelmetallen. Die Entscheidung, in Edelmetalle zu investieren, ist ein bedeutender Schritt in Richtung finanzieller Weisheit und Stabilität. Dieses Buch wurde entwickelt, um Ihnen einen klaren und tiefen Einblick in diese faszinierende Welt zu geben.

Edelmetalle, insbesondere Gold, haben seit rund 5.000 Jahren eine zentrale Rolle in der Wirtschaftsgeschichte gespielt. In unserer heutigen Zeit, in der die Märkte von Volatilität und Unsicherheit geprägt sind, bieten sie eine einzigartige Mischung aus Beständigkeit und Potenzial. Dieser Ratgeber ist Ihre Landkarte auf diesem oft unerforschten Terrain. Autor Michael Brückner beleuchtet die zahlreichen Aspekte von Edelmetallinvestitionen, von den Grundlagen des Goldmarktes bis zu fortgeschrittenen Anlagestrategien.

Neben den klassischen Gründen für den Kauf von Gold – als Schutz gegen Inflation, als Diversifikation Ihrer Veranlagungsstrategie, aber auch als

USt-freies und bankenunabhängiges Investment-Vehikel – gibt es zunehmend Hinweise darauf, dass sich die Weltwirtschaft in den nächsten Jahrzehnten wieder stärker an einem Goldstandard orientieren könnte. Diese Perspektive fügt eine weitere Dimension zur Bedeutung von Gold in der modernen Kapitalanlage hinzu und unterstreicht die Notwendigkeit, sich mit diesem zeitlosen Vermögenswert vertraut zu machen.

In diesem Ratgeber wird die Bedeutung von Edelmetallen als Sachwerte erkundet und untersucht, wie sie als sichere Häfen in turbulenten Zeiten dienen. Des Weiteren erstellt Michael Brückner eine detaillierte Analyse der Faktoren, die den Goldpreis beeinflussen – ein Wissen, das für jeden Investor unerlässlich ist – und er gibt praktische Ratschläge zum Kauf und Verkauf von Gold. Aber auch auf die Zeit nach der Akquisition wird Augenmerk gelegt, indem sich der Autor ausführlich der sicheren Aufbewahrung Ihrer wertvollen Anlagen widmet.

Mit einem Blick auf alternative Anlageformen und neue Trends wie „Papiergold“ und goldgedeckte Stablecoins öffnet das Buch das Tor zu modernen Investmentansätzen, die die traditionellen Grenzen sprengen. Es ist jedoch wichtig zu betonen, dass diese neuen Trends in der Investment- und Geldwelt noch sehr jung sind und sich in den kommenden Jahrzehnten noch beweisen müssen. Im Gegensatz dazu haben Gold und Silber bereits ihre Beständigkeit und Nützlichkeit über Jahrtausende hinweg unter Beweis gestellt. Sie bleiben die einzigen Geldformen, deren Werterhalt und universelle Anerkennung über lange Zeiträume hinweg unumstritten sind. Dieser bewährte Erfolgsbilanz macht sie zu einer unverzichtbaren Komponente für jeden, der eine langfristige und sichere Wertanlage sucht.

Ein besonderer Abschnitt ist den oft übersehenen Edelmetallen wie Silber, Palladium und Platin gewidmet, zumal diese in jeder diversifizierten Veranlagungsstrategie eine wichtige Rolle spielen sollten. Abgerundet wird dieser einmalige Ratgeber mit einem Gold- und Silber-Minilexikon, welches Ihnen ein praktisches Werkzeug an die Hand gibt, um schnell wichtige Begriffe und Konzepte nachzuschlagen.

Ein Ziel des Autors dieses Buches ist es, Ihnen nicht nur Wissen zu vermitteln, sondern auch das Vertrauen in sich selbst zu stärken, um fundierte Entscheidungen in der Welt der Edelmetalle treffen zu können. Mögen Ihre Investitionen weise sein, die Anlage in Edelmetallen Ihnen Sicherheit geben und Ihre finanzielle Zukunft strahlend werden.

Ich wünsche Ihnen eine aufschlussreiche Lektüre und viel Erfolg auf Ihrer Reise durch die Welt der Edelmetalle.

Ihr

Thomas Bachheimer

Chefökonom der Goldvorsorge

Einleitung

Vor etwas mehr als 100 Jahren erlebten die Deutschen, wohin es führt, wenn Notenbanken und Regierungen gigantische Defizite über die Notenbanken finanzieren: Das Land und seine Währung stürzten in eine Hyperinflation. Die Menschen wurden Milliardäre, ohne sich für ihre Scheine mit den vielen Nullen etwas kaufen zu können. Denn selbst Güter des täglichen Bedarfs waren nicht mehr verfügbar. Geldeinnahmen wurden sofort ausgegeben, weil die Mark in rasantem Tempo an Wert verlor. Wer auf Geld gesetzt hatte, verlor alles.

Auslöser für diese Hyperinflation war die Entscheidung der Reichsbank, schon drei Tage nach Ausbruch des Ersten Weltkriegs die Golddeckung der Mark auszusetzen, um den Krieg über die Notenpresse finanzieren zu können. Schätzungen zufolge kostete der Krieg insgesamt 154 Milliarden Reichsmark, das waren mehr als das Dreifache der Wirtschaftsleistung des Jahres 1913. Nach dem Ersten Weltkrieg wurden Deutschland riesige Reparationszahlungen auferlegt, und als Deutschland mit diesen Zahlungen in Rückstand geriet, marschierten französische und belgische Truppen ins Ruhrgebiet ein.

Was die Hyperinflation für die Menschen bedeutete, brachte der Schriftsteller Hans Fallada (1893-1947) in seinem Roman *Wolf unter Wölfen* literarisch auf den Punkt: „*Irgendwo in dieser Stadt stand eine Maschine und erbrach Tag und Nacht Papier über die Stadt. ‚Geld' nannten sie es. Sie druckten Zahlen darauf, wunderbare, glatte Zahlen mit vielen Nullen, die immer runder wurden. Und wenn du gearbeitet hast, wenn du dir etwas erspart hast auf deine alten Tage – es ist alles wertlos geworden. Papier und Dreck.*"

Eine Hyperinflation ist in Staaten wie Deutschland und Österreich heutzutage zwar sehr unwahrscheinlich (laut Definition beginnt einen Hyperinflation ab einer Preissteigerungsrate von 50 Prozent pro Monat). Doch auch wenn die Inflationsrate im Euro-Raum ab dem Jahr 2023 wieder gesunken ist, so dürfte sie längerfristig über dem historischen Schnitt von 2 Prozent liegen. Grund hierfür ist der steigende Geldbedarf der Regierungen (sprich: deren langjährige Schuldenwirtschaft), der zumindest zum großen Teil über die Notenpresse (beziehungsweise bald über die Erzeugung von digitalem Zentralbankgeld) finanziert werden dürfte. Die Kosten einer verfehlten Klimapolitik, explodierende Sozialausgaben für die Renten, Zahlungen für Millionen von Migranten und steigende Rüstungsausgaben werden nur mit Geld von den Notenbanken zu finanzieren sein. Und die Zinsen werden diese Kaufkraftverluste nicht kompensieren, denn die dürften auf lange Sicht deutlich unter der Inflationsrate liegen.

Was will uns das sagen? Es sagt uns, dass es schon immer wichtig war und in Zukunft noch wichtiger sein wird, auf Sachwerte zu setzen. Im vorliegenden Buch geht es um den klassischen Sachwert Gold. Im Anhang werde ich Ihnen auch die Vor- und Nachteile von Silber-, Platin- und Palladium-Engagements erläutern und Möglichkeiten aufzeigen, wie sie sicher und unkompliziert in diese „weiße Edelmetalle“ investieren können.

Natürlich ist Gold zunächst einmal eine Form der Geldanlage. Ein unverzinster, aber weitgehend inflationsgeschützter Sachwert, ein Wertaufbewahrungsmittel. Doch für viele hat das gelbe Edelmetall auch einen emotionalen Mehrwert. Vor allem die goldenen Anlagemünzen werden geschätzt. In einem Land wie Japan zum Beispiel, in dem Musik eine sehr wichtige Rolle spielt – Japaner gelten regelrecht als musikverliebt –, sind vor allem die österreichischen Philharmonikermünzen (bisweilen auch als „Phili“ bezeichnet) sehr begehrt. Und Goldschmuck – egal ob Gelb-, Rosé- oder Weißgold – wird rund um die Welt nicht nur von Damen geschätzt. Hinzu kommen goldene Sammlermünzen mit historischen Hintergründen, die Geschichte erzählen. Der frühere Mainzer Politiker und renommierte Numismatiker Professor Eckhard Pick nannte sein Buch nicht von ungefähr *Die Sprache der Münzen*.

Cineasten und James Bond-Fans mögen sich vielleicht daran erinnern, dass die Faszination von Gold auch Schurken mitunter auf Abwege brachte. „*Mein ganzes Leben lang habe ich seine Farbe geliebt, seinen Glanz, seine göttliche Schwere*“, schwärmt etwa Goldfinger in dem gleichnamigen 007-Streifen. Glücklich wurde er damit am Ende nicht, wie alle 007-Fans wissen.

Das gilt im Übrigen auch für den legendären Midas, nach der griechischen Sage der Sohn von Gordios und Kybele, der – mythischen Anekdoten zufolge – ebenso gierig wie dumm gewesen sein soll. Um zumindest letztgenanntes Handicap auszugleichen, nahm er den weisen Silenos gefangen. Doch von dessen Klugheit konnte Midas nicht profitieren, im Gegenteil. Als Dionysos, ein Schüler von Silenos, vom König die Freilassung des Gefangenen verlangte, musste er Midas einen Wunsch erfüllen: Fortan sollte alles, was er berührte, zu Gold werden. Der Wunsch wurde ihm gewährt – und schon bald sollte der gierige Midas feststellen, dass man Gold eben nicht essen und trinken kann. Wenn Brot und edler Wein sich im Moment der Berührung in Gold verwandeln, droht man zu verhungern und zu verdursten. Man wird zum reichsten Mann auf dem Friedhof. Sehr fraglich, ob das ein erstrebenswertes Ziel ist.

Derlei Anekdoten machen die Ambivalenz des gelben Edelmetalls deutlich. Zum einen spricht vieles dafür, einen Teil seines Vermögens in das langfristig wertstabile Gold zu investieren, was zudem steuerliche Vorteile hat, wie ich Ihnen gleich noch erläutern werde. Zum anderen kann ein zu hoher Goldanteil im Depot ein erhöhtes Risiko darstellen. Denn mitunter ist die Schwankungsintensität des Edelmetalls (Volatilität) noch ausgeprägter als bei Aktien. Mittel- bis langfristig jedoch hat sich Gold als sehr wertbeständig erwiesen. Es überstand Kriege, Wirtschaftskrisen und Währungsreformen. Daher gilt das Edelmetall bis heute als „sicherer Hafen“, in den Anleger gern flüchten, wenn sich irgendwo etwas zusammenbraut. Dass Gold langfristig – trotz Zinsverzichts – ein lohnendes Investment ist, beweist der Goldexperte Tim Schieferstein in seinem Buch *Gold & Silber für Einsteiger*. Darin vergleicht er den US-amerikanischen Aktien-Index Dow Jones mit dem Goldpreis. Wer 1971 10.000 Dollar in die im Dow Jones-Index enthaltenen Aktien investierte, durfte sich bis Ende 2020 über satte 340.000 US-Dollar freuen (ohne Dividenden). Wer denselben Betrag in Gold investierte, hatte am Ende rund 430.000 Dollar auf dem Konto.

1. Edelmetalle als Sachwerte

Edelmetalle wie Gold und Silber gehören zu den so genannten Sachwerten, ebenso wie Immobilien und Aktien. Bargeld, aber auch alle klassischen Sparformen, Anleihen und Kryptowährungen wie Bitcoin & Co., stellen hingegen Geldwerte dar. Das heißt, Sie sparen Geld an, bekommen im günstigen Fall dafür Zinsen und vertrauen darauf, dass Sie mit diesem Geld auch in vielen Jahren noch Güter oder Dienstleistungen erwerben können, ohne dass Ihnen Notenbanken oder Regierungen zum Beispiel durch einen Währungsschnitt einen Teil Ihrer Rücklagen rauben.

Doch in welche Sachwerte sollten Sie nun investieren? Wo liegen die Vor-, aber auch die Nachteile einer Gold-Anlage? Die Empfehlung ist zwar nicht neu, man muss sie aber gelegentlich wiederholen, um Ungleichgewichte bei der Kapitalanlage zu verhindern. Es ist unverzichtbar, dass Sie Ihre Rücklagen möglichst breit gestreut anlegen und zudem eine Art „eiserne Reserve" bilden, um unvorhersehbare finanzielle Belastungen tragen zu können, ohne Goldmünzen oder Aktien verkaufen zu müssen, deren Kurse sich womöglich ausgerechnet dann auf einem Tiefstand befinden. Mit anderen Worten: Es geht nicht darum, ob Sie mit Ihrem Vermögen in Gold *oder* Aktien investieren sollten, sondern in Gold *und* Aktien. Die Frage ist nur, wie hoch die jeweilige Gold- oder Aktienquote in ihrem Portfolio ausfallen sollte. Ein Goldanteil von 10 bis 20

Prozent galt lange Zeit als angemessen. Inzwischen ist diese „Faustformel“ aber überholt. Letztlich entscheiden Sie als Anleger, wie hoch Ihr individuelles Sicherheitsbedürfnis ist. Je mehr Sicherheit Sie wünschen, desto höher kann der Gold- (und Silber-) Anteil in Ihrem Portfolio ausfallen.

Wo liegen also die spezifischen Vorteile des physischen Goldbesitzes (also Goldmünzen und –barren) im Vergleich mit den anderen klassischen Sachwerten Immobilien und Aktien? Zunächst sichern Sie sich mit einem Goldinvestment einen klaren Steuervorteil. Goldmünzen und –barren können Sie innerhalb der Europäischen Union mehrwertsteuerfrei kaufen. Ein großer Vorteil gegenüber Silber, Platin und Palladium. Doch Vorsicht: Einige Sammlermünzen sind nicht von der Mehrwertsteuer befreit (darauf komme ich später noch ausführlicher zurück). Investieren Sie hingegen in Krügerrand, Maple Leaf, Philharmoniker, Panda & Co oder in Barren, dann wird nach dem heutigen Rechtstand keine Mehrwertsteuer fällig.

Nehmen wir an, der Goldpreis steigt um über 20 Prozent, und Sie möchten zwei Jahre nach dem Erwerb Ihre Goldbarren oder -münzen verkaufen. Auch in diesem Fall geht der Fiskus leer aus. Doch Vorsicht: Verkaufen Sie innerhalb der ersten zwölf Monate nach dem Erwerb, müssen Sie die Gewinne versteuern, sofern diese über 800 Euro (Freigrenze) liegen. Dies gilt aber gleichermaßen für alle Veräußerungsgewinne, die innerhalb der Spekulationsfrist von zwölf Monaten erzielt werden, also zum Beispiel auch, wenn Sie eine kostbare Uhr oder eine Weinsammlung mit Gewinn verkaufen. Ein weiterer Vorteil: In Zeiten der zunehmend gläsernen Bankkunden stellt der Erwerb von physischem

Gold vielleicht eine der letzten Möglichkeiten dar, anonym Geld anzulegen. Derzeit können Sie in Deutschland bis zu einem Schwellenbetrag von 1.999,99 Euro in Gold investieren, ohne sich legitimieren zu müssen. In Österreich liegt die Grenze noch bei 9.999,99 Euro (Stand: Ende 2023). Das heißt, in Deutschland können Sie anonym derzeit allenfalls eine Feinunze Gold per Tafelgeschäft erwerben, ohne sich legitimieren zu müssen, in Österreich haben sie noch mehr Freiheiten. Wenn Sie Ihr Gold allerdings verkaufen möchten und sich an einen Händler oder eine Bank wenden, müssen Sie sich in der Regel ausweisen. Spätestens dann ist es mit der Anonymität also vorbei.

Im Gegensatz zu „Betongold“, wie Immobilien häufig genannt werden, erfordert ein Gold-Investment keine große Summen. Für den Einstieg reichen ein paar hundert Euro aus. Außerdem verschlingt Gold keine Unterhaltungs- und Reparaturkosten, was bei Immobilien, aber auch bei wertvollen Luxusuhren (Stichwort: Revisionen) die Regel ist. Zudem handelt es sich bei Gold um eine sehr mobile Form der Geldanlage. Sein Geld in Gold anzulegen, ist relativ einfach, erfordert kein vertieftes Expertenwissen (wie zum Beispiel die Aktienanlage) und kommt ohne Bürokratie aus. Zumindest, wenn Sie innerhalb Deutschlands unterwegs sind. Denn sobald sie ins Ausland reisen, gelten sogar innerhalb der EU besondere Regeln (siehe Infokasten).

Kein grenzenloses Europa

Binnenmarkt hin, gemeinsame Währung her, wer innerhalb der Europäischen Union (EU) unterwegs ist, muss – wenn er erhebliche Probleme vermeiden will – auf Bargeldgrenzen achten. Das gilt auch für Gold und andere Edelmetalle. In den einschlägigen Zoll-Bestimmungen heißt es wörtlich:

„Jede Person, die mit Bargeld und dem Bargeld gleichgestellten Zahlungsmitteln im Gesamtwert von 10.000 Euro oder mehr aus einem Mitgliedstaat der EU nach Deutschland einreist oder aus Deutschland in einen Mitgliedstaat der EU ausreist, muss diesen Betrag bei der Ein- oder Ausreise bei Kontrollen des Zolls auf Befragen mündlich anzeigen.“

Das gilt ausdrücklich auch für Goldmünzen oder -barren.

Quelle: www.zoll.de

Wenn Sie in einen Nicht-EU-Staat ein- oder aus diesem ausreisen, müssen Sie *unaufgefordert* (also nicht erst auf Nachfrage) Bargeld und Bargeld gleichgestellte Zahlungsmittel ab 10.000 Euro angeben. Das trifft beispielsweise schon bei Reisen in die Schweiz oder nach Norwegen zu.

Gold ist zudem eine Art Versicherung. Kommt es zu einem Börsen-Crash oder zu politischen Unruhen, steigt in der Regel der Goldpreis, weil Anleger stärker „in Sicherheit“ flüchten. Aufgrund der hohen Nachfrage steigt der Preis. Dies war in der Vergangenheit in den meisten, aber nicht in allen Fällen so. Einen Automatismus gibt es also nicht.

Ein Vorteil von Aktien ist deren hohe Fungibilität. Das bedeutet salopp ausgedrückt: Aktien lassen sich schnell wieder zu Geld machen. Nur wenige Mausklicks genügen – und die Papiere sind verkauft, und der Gegenwert wird Ihrem Verrechnungskonto gutgeschrieben. Die Fungibilität von Goldmünzen und –barren ist ebenfalls hoch, obwohl es im Vergleich zu Aktien etwas länger dauert, bis Sie im Fall eines Verkaufs den Gegenwert auf Ihr Konto gutgeschrieben bekommen. Es sei denn, Sie verkaufen Ihre Goldschätze bei einem Händler vor Ort und lassen sich den Gegenwert gleich in bar auszahlen. In diesem Fall schließen Sie wiederum ein Tafelgeschäft ab, für das Sie sich dann allerdings legitimieren müssen.

Wenn Sie Aktien kaufen, brauchen Sie bekanntlich ein Depot. Wenn Sie sich hingegen trauen, Ihre Goldschätze zu Hause aufzubewahren und Sie auf die Anschaffung eines Tresors verzichten, fallen keine weiteren Kosten an. Dafür gehen Sie aber erhöhte Risiken ein. Tipps zur Aufbewahrung Ihrer Goldstücke erhalten Sie in diesem Buch.

Der Nachteil von Gold besteht allerdings darin, dass Sie keine laufenden Einnahmen erzielen. Sie bekommen also weder Dividende (wie bei Aktien) noch Mieteinnahmen (wie bei vermieteten Immobilien). Sie profitieren mithin ausschließlich von der Preissteigerung des Edelmetalls. Und schließlich bringen Ihnen Münzen und Barren keinen Nutzwert, außer dem, dass Sie sich wie weiland Goldfinger an dem gelben Edelmetall erfreuen können. In Ihre Immobilie können Sie hingegen sofort einziehen und Miete sparen. In der folgenden Übersicht habe ich noch einmal die Vor- und Nachteile eines Gold-Investments gegenüber anderen Sachwerten zusammengefasst.

Vor- und Nachteile von Sachwerten auf einen Blick

Sachwert	Werthaltigkeit Wertzuwachs	Praktischer Nutzwert	Fungibilität	Prestige	Operative Kosten
Gold	Langfristig gut, aber starke Schwankungen möglich	Keiner, es sei denn, Gold wird zu Schmuck verarbeitet	Gut	Gering, da diskrete Form der Geldanlage	Keine bis geringe (Safe); mehrwertsteuerfreier Kauf
Immobilien	Gut, aber nur bei Objekten in guter Lage und überdurchschnittlicher Qualität	Sehr gut	Eingeschränkt, Verkauf kann sehr lange dauern	Hoch	Hoch (Instandhaltung, Verwaltung, Steuern etc.)
Aktien	Langfristig gut, bei zum Teil hoher Volatilität	Keiner	Sehr gut	Wenig	Gering
Liebhaber-Sachwerte (Oldtimer, Kunst, Uhren etc.)	Nicht kalkulierbar, stark abhängig vom Sammlermarkt	Unterschiedlich	Eingeschränkt	Sehr hoch	Hoch (Versicherungen, Reparaturen, Revisionen, Gutachten etc.)

Sicherheitsorientierte Anleger investieren zudem häufig in Anleihen (auch Bonds genannt). Sie werden an dieser Stelle nicht erwähnt, weil es sich eben nicht um einen Sachwert, sondern einen Geldwert handelt. Jeder Bond-Investor unterliegt zudem einem Kontrahentenrisiko; sprich: geht der Emittent der Anleihe pleite, hat der Anleger das Nachsehen. Gold hingegen hat einen intrinsischen, also inneren Wert. Ein Totalausfall ist daher ausgeschlossen.

Fassen wir also zusammen, welche Argumente für und welche gegen ein Goldinvestment sprechen.

PRO:

→ Inflationsgeschützter Sachwert. Gold ist nicht beliebig vermehrbar.
→ Unabhängig von starken Schwankungen erwies sich Gold über Jahrhunderte hinweg als wertstabil.
→ „Sicherer Hafen“ bei politischen oder wirtschaftlichen Turbulenzen
→ Diskreter Kauf noch möglich (allerdings in Deutschland nur bis 1.999,99 Euro in Österreich bis 9.999,99 Euro)
→ Flexibel und mobil
→ Steuervorteile (keine Mehrwertsteuer in der EU, keine Steuer auf realisierte Verkaufsgewinne nach Ablauf der zwölfmonatigen Haltezeit)
→ Einstieg schon mit relativ geringen Summen möglich.

CONTRA:

→ keine Dividenden und Zinsen, keine Mieterträge
→ zum Teil deutliche Preisschwankungen
→ hohe Fälschungsrisiken („Wolfram-Barren“ statt Goldbarren)
→ mögliches Goldbesitzverbot (wie ab 1933 in den USA)
→ Gefahr von Preismanipulationen

2. Welche Faktoren beeinflussen den Goldpreis?

Der Bankier Nathan Mayer Rothschild (1777–1836) soll einmal augenzwinkernd festgestellt haben, er kenne nur zwei Menschen, die in der Lage seien, die Entwicklung des Goldpreises vorauszusagen. Nur seien diese beiden Menschen bedauerlicherweise immer entgegengesetzter Meinung. Diese Anekdote beweist, wie schwierig es ist, die Wertentwicklung des gelben Edelmetalls zu prognostizieren. Zwar gibt es eine Reihe von Kriterien, aber eben auch ebenso viele Ausnahmen davon. Nachfolgend die wichtigsten Preisfaktoren:

1. Die Zinsentwicklung

Wer sein Geld in Gold anlegt, bekommt keine Zinsen. Niedrige Zinsen beflügeln daher normalerweise den Goldpreis. Jedoch müssen steigende Zinsen nicht zwangsläufig rückläufige Goldpreise zur Folge haben. Steigen die Zinsen nämlich, könnten dies die Marktteilnehmer als Zeichen für eine absehbare höhere Inflationsrate interpretieren. Und Inflationsangst war in der Vergangenheit immer ein Treiber für den Goldpreis.

2. Entwicklung des Dollar-Kurses

Wie die meisten Rohstoffe wird auch der Preis für Gold in der Regel in US-Dollar angegeben. Wenn Sie sich also einen Goldbarren in den Tresor legen, ist dessen Wert von zwei Faktoren abhängig: **a.)** Wie entwickelt sich der Goldpreis? **b.)** Wie entwickelt sich der US-Dollar gegenüber dem Euro? Es ist schon vorgekommen, dass der Goldpreis zurückgeht, Anleger im Euroland aber aufgrund des schwachen Dollars geringere oder gar keine Einbußen zu verzeichnen hatten. Ein vereinfachtes Beispiel soll diesen Zusammenhang transparent machen. Angenommen, Sie kaufen für 5.000 Euro Gold. Um die Rechnung zu vereinfachen, gehen wir von einer Parität Dollar zu Euro aus. Also: 1 Dollar = 1 Euro. Sie zahlen für Ihr Gold-Investment somit 5.000 Euro, denn das entspricht genau 5.000 US-Dollar. Hätte aber zum Zeitpunkt des Kaufes der Dollar nur 0,88 Euro gekostet, dann hätten Sie nur rund 4.440 Euro zahlen müssen. Grundsätzlich gilt: Schwächephasen des Dollars sind gut für den Goldpreis – und umgekehrt.

3. Geopolitische Eskalationen und weltweite Finanzkrisen

Bricht an einem neuralgischen Punkt der Erde ein Krieg aus (zuletzt Ukraine, Naher Osten), in den auch direkt oder indirekt die Nuklearmächte, vor allem die USA, Russland und China, involviert sind, führt das ebenfalls zumindest bis zur Deeskalation des Konflikts in der Regel zu steigenden Goldpreisen. Gleiches gilt für Finanzkrisen. Unmittelbar vor der Lehmann-Pleite war die Nachfrage nach Goldbarren und Münzen so hoch, dass zahlreiche Händler innerhalb kurzer Zeit ausverkauft waren. Viele Anleger hatten offenbar schon vor der offiziellen Insolvenz geahnt, dass etwas „in der Luft lag“ und in Gold investiert.

4. Die Nachfrage aus China und Indien

Etwas merkwürdig ist es schon: Der Goldpreis wird nach wie vor in starkem Maße von Marktteilnehmern in New York und London bestimmt, obwohl die Nachfrage nach physischem Gold in China um ein Vielfaches höher ist. Experten gehen deshalb davon aus, dass eines nicht allzu fernen Tages Shanghai zum führenden Goldhandelszentrum aufsteigen wird. Die im Reich der Mitte wachsende Mittelschicht kauft hochpreisigen Goldschmuck, außerdem gilt in China Gold fast schon als Geld und als zweite Währung neben dem Yuan. Auch wenn die Goldnachfrage in diesem Riesenland aufgrund der konjunkturellen Eintrübung zeitweise etwas zurückgegangen ist, darf man doch langfristig von einer steigenden Nachfrage ausgehen. Denn die Mittelschicht, die sich Gold leisten kann, wächst nach wie vor.

Auch in Indien besteht eine hohe Goldnachfrage. Das gelbe Edelmetall gilt dort als geschätzter Hochzeitsschmuck. Teilweise wird Gold in Saris eingenäht. Der Einfluss der Nachfrage aus Indien auf den Goldpreis ist nicht zu unterschätzen. Vor allem in den Monaten September bis November, wenn auf dem Subkontinent traditionell geheiratet wird, ist Gold gefragt. Einer Studie der australischen Investmentbank Macquarie aus dem Jahr 2011 zufolge, werden in indischen Haushalten etwa 18 Tonnen Gold gehortet, was nach Berechnungen der *Times of India* seinerzeit einem Marktwert von etwa 950 Milliarden US-Dollar entsprach.

Manche spekulative Gold-Investoren kaufen daher rechtzeitig entsprechende Call-Optionsscheine, um über die damit verbundene Hebelwirkung schon von vergleichsweise geringen Preissteigerungen des Goldes zu profitieren.

Gold-Anekdote: Stewards als Schmuggler

Wie begehrt Gold in Indien ist, beweist unter anderem der folgende Vorfall aus dem Jahr 2014. Hintergrund sind die Importrestriktionen für Gold in Indien. In der Konsequenz führte dies zu immer kreativeren Formen des Goldschmuggels. So brachte damals zum Beispiel eine Airline-Crew immer mal wieder heimlich Gold über die Grenze. Insgesamt 13 Mal soll auf diese Weise illegal Gold nach Indien gelangt sein. Dadurch sollen die hohen Importsteuern umgangen werden. Neben der Flugzeugtoilette als Zwischenlager für Goldkuriere, goldenen Fäden in Textilien und versilbertem Gold wurden Fälle bekannt, in denen das Edelmetall von Schmugglern geschluckt wurde, um es durch den Zoll zu bringen. Der World Gold Council schätzt, dass bis zu 250 Tonnen Gold pro Jahr auf illegalem Weg nach Indien gelangen. Das entspräche gut einem Drittel dessen, was Indien in früheren Jahren auf offiziellem Weg einführte.

5. Käufe und Verkäufe durch Notenbanken

Auch die Notenbanken setzen nach wie vor auf Gold. In den Jahren 2022/2023 gerieten viele Notenbanken nachgerade in einen Goldrausch. Das war nicht in erster Linie dem Krieg in der Ukraine geschuldet, sondern dem schleichenden Prozess der De-Dollarisierung. Die Notenbanken wollen ihre Portfolios diversifizieren. Ferner zogen immer mehr Länder aus Sorge vor Sanktionen, wie sie gegen Russland nach Beginn des Ukrainekriegs verhängt wurden, ihre Goldreserven ab und holten sie nach Hause.

Die Staaten mit den größten Goldreserven

Von den jeweiligen Nationalbanken gehaltene Gold-Bestände in Tonnen

USA	8.133,46
Deutschland	3.352,7
Italien	2.451,8
Frankreich	2.436,9
Russland	2.329,6
China	2.113,5
Schweiz	1.040
Japan	846
Niederlande	612,5
Indien	797,4

Quelle: Statista, Stand: 2023

6. Industrielle Nachfrage

Silber wird verarbeitet, Gold wird gehortet. So lautet eine eingängige Faustformel. Sie besagt schlicht und einfach, dass sich die industrielle Nachfrage nach Gold im Vergleich zu den „weißen Edelmetallen" Silber, Platin und Palladium in Grenzen hält. Die wichtigste Rolle auf Seiten der Gold-Nachfrager spielt naturgemäß die Schmuckindustrie. Sie ist für etwa 75 Prozent der Goldnachfrage verantwortlich. Steigt der Preis für das gelbe Edelmetall, muss man auch für Goldschmuck deutlich tiefer in die Tasche greifen, was zu einem Rückgang der Nachfrage und damit zu tendenziell wieder sinkenden Goldpreisen führen kann.

7. Ein wichtiger Player: der Terminmarkt

Vielleicht hat Sie das auch schon überrascht: Da ist die Nachfrage nach physischem Gold (Münzen und Barren) so groß, dass die Händler ausverkauft sind und der Käufer längere Lieferzeiten hinnehmen muss. Trotzdem stagniert der Goldpreis – oder er fällt sogar. Was ist da los? Tatsächlich gibt es neben der Nachfrage nach physischem Gold einen weiteren wichtigen Player, der in den vergangenen Jahren eine immer wichtigere Rolle spielte: der stark spekulative Terminmarkt, also in erster Linie der Handel mit Futures. Tatsächlich gibt es am Markt eine nicht genau quantifizierbare, aber dennoch große Menge an „Scheingold" auf Konten. Dieses angebliche Gold ist unallocated, wie es im Fachjargon heißt – also nicht zugeteilt. Bedeutet im Klartext: Die Barren existieren gar nicht. Mit diesem nicht vorhandenen Gold lässt sich prima „zocken" und den Goldpreis in die eine oder andere Richtung manipulieren. Im Jahr 2012 wäre diese Zeitbombe übrigens beinahe geplatzt. Sie erinnern sich vielleicht, es war das Jahr, als die kleine Insel-Republik Zypern unmittelbar vor dem Staatsbankrott stand. Verschiedene Großanleger wollten damals auf Nummer Sicher gehen und ihr „Buchgold" in echtes Gold tauschen. Die niederländischen Banken ABN Amro und die Rabobank mussten die Auslieferung von echtem Gold vorübergehend einstellen. Das Edelmetall war schlichtweg nicht vorhanden.

Wenn in der Vergangenheit Goldanleger von bewusster Manipulation des Preises für das gelbe Edelmetall sprachen, wurden sie schnell in die Ecke der Verschwörungstheoretiker gerückt. Doch dann kam im Jahr 2012 der LIBOR-Skandal um manipulierte Zinssätze ans Licht. Im März 2013 schließlich eröffnete die Internationale Organisation der Wertpapieraufsichtsbehörde eine Untersuchung auf Manipulationen der Preisermittlung. Tatsächlich existieren Hinweise, dass auch der Goldpreis in die eine oder andere Richtung manipuliert wurde, was über den erwähnten Terminmarkt keine allzu große Herausforderung darstellt. Ich erwähne das an dieser Stelle nur, um deutlich zu machen, dass Sie auch als Goldanleger mit sehr einflussreichen Protagonisten zu tun haben, und sich der Goldpreis nicht immer nur nach Angebot und Nachfrage entwickelt, wie es eigentlich an einem echten Markt der Fall sein sollte.

Physisches Gold vs. „Papiergold“

Auf den nachfolgenden Seiten werde ich Ihnen ausführlich die Möglichkeiten der unterschiedlichen Gold-Investments darlegen. Doch gestatten Sie mir schon an dieser Stelle ein paar grundsätzliche Anmerkungen zum Kauf von Barren und Münzen (physisches Gold) einerseits und dem Investment in „Gold-Wertpapiere“ (Papiergold) andererseits. Grundsätzlich gilt: Wenn Sie von den Zukunftschancen des gelben Edelmetalls überzeugt sind – und dafür gibt es gute Gründe – dann spricht nichts dagegen, sowohl in physisches Gold als auch in Gold in Form von Wertpapieren zu investieren, wobei echte „Goldfans“ Barren und Münzen vorziehen. Es gilt folgende Faustregel:

- → Wenn Sie **langfristig disponieren** und in Gold in erster Linie ein Anlagemedium sehen für den Fall von weltweiten Finanzkrisen oder zur Absicherung bei geopolitischen Eskalationen, wie zum Beispiel Kriegen und Bürgerkriegen, dann investieren Sie ausschließlich oder zum größten Teil in physisches Gold. Gleiches gilt, wenn Sie Wert legen auf eine diskrete Anlageform (nach dem Motto: „Meine Bank muss nicht alles wissen").

- → Sind Sie eher **spekulativ veranlagt** und hoffen auf Gewinne in überschaubarer Zeit, dann kommen Gold-ETFs (Investmentfonds), Zertifikate auf Gold, Aktien von Minengesellschaften bzw. entsprechende Fonds sowie bei ausgeprägter „Spekulations-Freude" sogar Gold-Optionsscheine in Betracht.

Wie wird der Goldpreis ermittelt?

Was ist Ihr Gold wert, was kostet aktuell eine Feinunze, wie viel muss man für eine Münze oder einen Barren investieren? In den Medien sowie im Internet gibt es unendlich viele Möglichkeiten, sich direkt zu informieren. Aber wie kommt der Preis eigentlich zustande?

Wie erwähnt, spielen die Terminmärkte bei der Ermittlung des Goldpreises mittlerweile eine sehr wichtige Rolle. Daneben gibt es nach wie vor das sogenannte Goldfixing am London Bullion Markt. Es reicht zurück bis ins Jahr 1919 und folgte jahrelang demselben Ritual. In den distinguierten Räumen der Privatbank N.M. Rothschild & Sons an der Londoner St. Swithin Lane trafen sich lange Zeit zunächst einmal, später zweimal täglich (jeweils um 10.30 und 15 Uhr Ortszeit) fünf im Goldgeschäft einflussreiche Banker. Zu Beginn der

Sitzung wurde ein Preis vorgeschlagen, der dem Mittel des Nachfrage- und Angebotskurses (Geld- und Briefkurs) der letzten Goldtransaktionen im Handel zwischen Banken entsprach. Diese Vorschläge wurden dann in sehr kurzer Zeit an die Kunden der Goldhäuser weitergegeben, diese informierten wiederum ihre Kunden. Das konnten zum Beispiel Goldproduzenten, Geschäftsbanken, Notenbanken und Goldverarbeiter sein. So bildete sich ein Preis heraus, zu dem die Banken bereit waren, Gold zu verkaufen beziehungsweise anzukaufen. Stand ein Preis fest, fragte man die Mengen an Goldbarren ab, die von den am Fixing beteiligten Banken ge- oder verkauft wurden. Die Prozedur war abgeschlossen, wenn ein Gleichgewicht von Angebot und Nachfrage entstand. Der Preis wurde dann gefixt (daher der Begriff „Goldfixing“).

Seit März 2015 findet die Preisfindung der London Bullion Market Association computergestützt, ähnlich einer Onlineauktion, statt. Der Leiter gibt einen Startpreis vor und während der 30 Sekunden dauernden Auktionsrunde können die Marktteilnehmer ihr Kauf- bzw. Verkaufsinteresse mit den entsprechenden Mengenvolumina eingeben. Dieses Prozedere wird so oft wiederholt, bis ein Gleichgewichtspreis für den Kauf und Verkauf gefunden wurde. Veröffentlicht wird dieser Preis schließlich als das offizielle „London Gold Fixing“. Diese Preisfindung findet zweimal werktäglich statt, das „a.m. fixing“ um 11.30 Uhr (MEZ) und das „p.m. fixing“ um 16.00 Uhr (MEZ). Ähnliche Referenzpreise werden sowohl für Silber, Platin und Palladium ermittelt. Daneben gibt es den sogenannten „Spotpreis“ für Gold. Dies ist ein Marktpreis, der ebenfalls nicht an der Börse, sondern im OTC-Geschäft (OTC = Over the Counter) ermittelt wird. Käufer und Verkäufer handeln untereinander die Preise aus. Dies geschieht üblicherweise per Telefon. Neben dem Preis wird auch die zu kaufende oder zu verkaufende Menge festgelegt. Die Abwicklung von OTC-Geschäften erfolgt mit Good-Delivery-Goldbarren. Darunter sind Barren von Scheide- und Prägeanstalten zu verstehen, die den Anforderungen der London Bullion Market Associationen (LBMA) entsprechen. Sie haben ein Gewicht von 400 Unzen, also 12,44 Kilogramm, und müssen einen Feingoldgehalt von 995 Promille aufweisen.

Was sagt das Finanzamt?

Gold ist keineswegs grundsätzlich von der Mehrwertsteuer befreit. Für Goldschmuck, Bandgold (Goldblech in Streifenform vor allem zur industriellen Verwendung) und für bestimmte Sammlermünzen aus Gold werden in Deutschland 19 Prozent Mehrwertsteuer fällig, in Österreich 20 Prozent. Von der Mehrwertsteuer befreit sind Barren und Münzen, die der Geldanlage dienen. Anlagemünzen sind zum Beispiel der bekannte Krügerrand, die österreichische Philharmoniker-Münze, der Maple Leaf, der American Buffalo, der American Eagle, der China Panda, die Britannia-Münze usw.

Aber auch für goldene Sammlermünzen müssen Sie in Deutschland und Österreich keine Mehrwertsteuer berappen, sofern folgende Voraussetzungen gegeben sind. Die Münze muss

→ nach dem Jahr 1800 geprägt sein

→ einen Feingehalt von mindestens 900/1000 Gold aufweisen

- → im Herkunftsland gesetzliches Zahlungsmittel sein oder gewesen sein

- → außerdem darf der übliche Verkaufspreis den Offenmarktwert des Goldgehaltes der Münze nicht um mehr als 80 Prozent übersteigen.

Für Barren und Münzen aus Silber, Palladium und Platin müssen Sie 19 Prozent (Österreich 20 Prozent) Mehrwertsteuer zahlen, es sei denn, Sie kaufen im steuerbegünstigten Ausland und lassen Ihre Edelmetalle dort in einem Zollfreilager verwahren. Diese Möglichkeit gibt es zum Beispiel in Singapur, Dubai und der Schweiz.

Wenn Sie Ihre Goldbestände frühestens ein Jahr nach dem Kauf wieder mit Gewinn veräußern, müssen Sie - wie bereits erwähnt - für diesen Ertrag keine Steuern zahlen. Nur falls Sie Ihr Gold innerhalb der einjährigen Haltefrist veräußern, werden die Gewinne steuerpflichtig und müssen im Rahmen Ihrer Einkommensteuererklärung angegeben werden. Sie sehen, der Kauf von physischem Gold ist auch eine besonders steueroptimierte Form der Kapitalanlage.

Droht ein Goldverbot?

Anleger fragen sich bisweilen, wie groß das Risiko sei, dass der Staat eines Tages den Goldbesitz verbieten könnte. Das Risiko ist relativ gering, wenngleich es sozusagen historische Vorbilder gibt. US-Präsident Franklin D. Roosevelt unterzeichnete am 5. April 1933 die „Executive Order 6102", mit der ab dem 1. Mai 1933 der private Goldbesitz in den USA verboten wurde. Lediglich Gold bis zu einem Wert von 100 US-Dollar durften die Bürger behalten. Dieser Betrag entsprach damals etwa fünf Feinunzen. Wer mehr besaß, musste den Rest innerhalb von wenigen Tagen bei staatlichen Annahmestellen abliefern. Ansonsten riskierte man drakonische Strafen. Die Behörden beschlagnahmten das Gold dann entschädigungsfrei. Überdies drohten dem Betreffenden Geldstrafen bis zu 10.000 Dollar, was einem heutigen Gegenwert von über 180.000 Dollar entspricht.

In Deutschland gab es während der NS-Diktatur ebenfalls ein Goldbesitzverbot, verordnet von Hermann Göring am 28. Oktober 1936. Wer gegen die Ablieferungspflicht für Gold und ausländische Zahlungsmittel verstieß, riskierte die Todesstrafe. Doch trotz drakonischer Strafen konnte das Goldverbot nirgendwo in vollem Umfang durchgesetzt werden und wurde früher oder später wieder aufgehoben. Der renommierte Gold-Experte Bruno Bandulet schrieb einmal: „Wo der legale Goldmarkt unterbunden wird, blüht immer ein illegaler.“

Der Autor dieser Zeilen ist der Ansicht, dass sich ein Verbot von Goldbesitz praktisch nicht umsetzen lässt. Allerdings ist es möglich, wenn nicht gar sehr wahrscheinlich, dass der anonyme Kauf von Gold komplett verboten wird.

3. Alles Gold, was glänzt: Münzen und Barren

Natürlich gilt: Gold ist Gold, es gibt keine Unterschiede. Wenn dem so ist, weshalb weist der bei Anlegern so begehrte Krügerrand dann eine leicht rotgoldene Färbung auf, während zum Beispiel die österreichische Philharmoniker-Münze in strahlendem Gelbgold daherkommt? Und weshalb gibt es Schmuck in 8-, 14- und 18karätigem Gold? Tatsächlich gilt es, nach Feingehalten und Farbgoldlegierungen zu unterscheiden.

Die unterschiedlichen Legierungen

Anlagegold (Münzen und Barren) weisen den größtmöglichen Feingoldgehalt von 999,9/1000 auf. Mitunter werden solche Goldstücke wegen dieser vierfachen „9" auch „Four-nine-fine" genannt. Ein solcher Feingoldgehalt entspricht 24 Karat (siehe Infokasten). Doch keine Regel ohne Ausnahme. Der erwähnte Krügerrand weist lediglich einen Feingoldgehalt von 916,6/1000 auf, das entspricht 22 Karat. Grund: Die Legierung enthält eine geringe Menge Kupfer, um die Kratzfestigkeit der Münze zu erhöhen. Das erklärt die erwähnte leicht rötliche Farbe dieses Goldstücks. Auch der American Eagle, die bekannteste US-amerikanische Goldmünze, weist ebenfalls einen kleinen Anteil von Kupfer und Stahl auf. Wer eine „Four-nine-fine"-Münze aus dem Land der angeblich unbegrenzten Möglichkeiten erstehen möchte, muss sich für den American Buffalo entscheiden. Freilich ist es ein Irrtum zu glauben, die Goldmünzen mit geringerem Feingoldgehalt wären günstiger zu haben. Denn diese Münzen sind etwas schwerer. Sie erhalten dadurch genauso viel Gold wie beim Erwerb einer Philharmoniker- oder Maple Leaf-Münze. Die gängigen Barren schließlich kommen mit einem Feingoldgehalt von 999,9/1000 auf den Markt.

Karat	Gewichtspromille Gold in der Legierung	Handelsübliche Bezeichnung	Hauptsächliche Verwendungsarten
24 kt	999,9	Feingold 999,9 „Four-nine-fine"	Barren, Münzen zur Kapitalanlage
22 kt	916,66	Gold 916	Münzen zur Kapitalanlage, z.B. Krügerrand
20 kt	833,33	Gold 833	Hochwertiger Schmuck, vor allem im Nahen und Mittleren Osten angeboten
18 kt	750	Gold 750	Hochwertiger Schmuck, Uhren
14 kt	583,33	Gold 585	Schmuck in mittleren Preisklassen, teilweise Uhren (z.B. aus Russland)
10 kt	416,66	Gold 417	Wird selten verwendet
9 kt	375	Gold 375	Preisgünstiger Goldschmuck
8 kt	333,33	Gold 333	Preisgünstiger Goldschmuck in Deutschland

Schmuck hingegen wird aus ganz unterschiedlichen Legierungen hergestellt. In Deutschland darf bereits ab einem Goldanteil von einem Drittel am Gesamtgewicht (333,3/1000 oder 8 Karat) von Gold gesprochen werden. Kritiker nennen diese Legierung bisweilen „Kaufhausgold", weil mit dem geringen Goldanteil ein günstiger Preis für vermeintlich „echtes Gold" erreicht werden soll. Im Ausland dürfen sich erst Legierungen ab einem

Mindestanteil Gold von 375/1000 (9 Karat) mit der Bezeichnung Gold schmücken. In der Schweiz sind die Bestimmungen noch strenger. Dort gelten sogar 375er Schmuckgoldlegierung nicht als Gold. Hochwertiger Schmuck, aber auch wertvolle Armband- und Taschenuhren kommen üblicherweise mit einem Feingehalt von 750/1000 Gold (18 Karat) auf den Markt. Schmuck in der mittleren Preiskategorie weist einen Feingehalt von 585/1000 Gold auf (14 Karat). Die folgende Tabelle gibt Ihnen einen Überblick über die unterschiedlichen Legierungen, die im Handel üblichen Bezeichnungen und die Verwendungsmöglichkeiten.

Die Farbgoldlegierungen

Gelbgold ist die bekannteste Variante des glänzenden Edelmetalls, die farblich dem Feingold (Barrengold) sehr nahekommt. Bei 18karätigem Gelbgold handelt es sich meist um Legierungen aus Feingold, Kupfer und Silber. *Rotgold* wiederum besteht aus Feingold und Kupfer, gelegentlich auch etwas Silber. Rotgold erfreut sich insbesondere in Asien großer Beliebtheit, ebenso im Osten und Süden Europas.

Bleibt schließlich noch das *Weißgold*. Diese farblose, überwiegend aus Feingold, Palladium und Nickel bestehende Legierung diente Anfang des vergangenen Jahrhunderts vorübergehend als Platinersatz für Schmuckstücke. Auch viele wertvolle Uhren sind für Liebhaber des Understatements in Weißgold-Varianten erhältlich. In Frankreich heißt Weißgold übrigens *Graugold* („or gris").

Bullioncoins: Die wichtigsten Anlagemünzen im Überblick

Nachfolgend nun die wichtigsten Anlagemünzen. Sie werden im Fachjargon als Bullioncoins bezeichnet, was übersetzt schlicht „Barrenmünzen“ heißt. Wenn Sie eine solche Münze erstehen, kaufen Sie sozusagen ein „Stück Goldbarren“, also reines Gold zu Anlagezwecken. Bullioncoins sind somit abzugrenzen von Sammlermünzen. Die Preise für die gängigen Bullioncoins richten sich ausschließlich nach dem aktuellen Goldpreis. Hohe Sammleraufschläge, wie etwa beim 100 Franken Vreneli aus der Schweiz, gibt es bei diesen Münzen nicht. Daher unterscheiden sich die Preise für Bullioncoins entweder gar nicht oder nur sehr minimal. Welche der auf den nachfolgenden Seiten vorgestellten Goldmünzen Sie letztlich kaufen, ist eigentlich egal oder schlichtweg eine Geschmacksfrage. Mancher Anleger kauft grundsätzlich nur Krügerrand, andere möchten von jeder der gängigen Bullioncoins mindestens eine in seiner Sammlung haben.

Wenn man eine Anlagemünze verkaufen möchte, macht es keinen Unterschied, ob man nun in Maple Leaf oder Philharmoniker investiert hat. Sie können Ihre Goldstücke bei einem etablierten Fachhändler für Anlagegold oder an eine Scheideanstalt verkaufen. Allerdings wird die Scheideanstalt das Edelmetall in den meisten Fällen einschmelzen. Sie erhalten also in der Regel den reinen „Schmelzpreis“ und nicht den oft etwas höheren Handelspreis, der anfällt, wenn die Münze oder der Barren weiterverkauft wird. Man bekommt von der Bank oder Scheideanstalt den aktuellen Ankaufspreis für Gold ausgezahlt. Nehmen wir trotzdem die gängigen Bullioncoins etwas genauer unter die Lupe.

Der Krügerrand (Südafrika)

Er ist die weltweit wohl bekannteste und beliebteste goldene Anlagemünze, nicht zuletzt wohl wegen ihres fast schon rotgoldenen Erscheinungsbildes. Benannt wurde diese Münze nach dem früheren südafrikanischen Politiker und Präsidenten Paul Krüger (1825–1904). Auf der Vorderseite des Krügerrands (Obverse) befindet sich ein Porträt von Paul Krüger, die Rückseite (Revers) bleibt dem südafrikanischen Wappentier, der Springbockantilope, vorbehalten. Die ersten Krügerrand wurden im Jahr 1967 geprägt, daher handelt es sich um die älteste Bullion-Münze überhaupt. Wie schon erwähnt, weisen Anlagemünzen normalerweise keinen Sammleraufschlag auf. Doch es gibt Ausnahmen: In den ersten drei Prägejahren von 1967 bis 1969 lag die Gesamtauflage jeweils nur bei 30.000 bis 50.000 Unzen. Krügerrand-Münzen aus diesen Jahrgängen sind daher relativ selten und verzeichnen entsprechende Sammleraufschläge. Nach 1969 explodierten die Auflagenzahlen förmlich. Bereits 1974 wurden über 3,2 Millionen Exemplare geprägt, zwischen 1974 und 1984 lagen die Produktionszahlen jährlich zwischen zwei und sechs Millionen Exemplaren.

Danach freilich geriet auch der Krügerrand in den Sog politischer Auseinandersetzungen. Im Jahr 1986 beschlossen die Europäischen Gemeinschaft (heute: EU) und die USA Sanktionen gegen das damalige Apartheid-System in Südafrika. In der Konsequenz durften auch keine Krügerrand-Münzen mehr eingeführt werden. Die Produktion brach drastisch ein. Im Jahr 1995 wurden gerade noch knapp 8300 Ein-Unzen-Münzen geprägt. Obwohl der Besitz von Krügerrand-Münzen nicht verboten wurde, waren damals viele Anleger verunsichert und tauschten ihre Krügerrand in kanadische Maple Leaf-Münzen um. Nach der Aufhebung des Einfuhrverbots im Jahr 1999 stieg die Auflagezahl wieder stark an. Heute ist der Krügerrand Marktführer unter den Bullioncoins. Neben der 1-Unze-Münze gibt es auch die Stückelungen ½-Unze, ¼-Unze und 1/10-Unze.

Maple Leaf (Kanada)

Die Maple Leaf-Münze wurde erstmals im Jahr 1979 geprägt. Damit ist sie die zweitälteste Anlagemünze nach dem Krügerrand. Im Gegensatz zum Konkurrenten aus Südafrika weist die von The Royal Canadian Mint produzierte Münze einen Goldgehalt von 999,9/1000 („Four nine fine") auf. Im Jahr 2007 erschien erstmals eine Sonderedition mit einer Feinheit von 999,99/1000 („Five nine fine") und drei Ahornblättern statt einem als Motiv. Die Maple Leaf-Münzen gibt es in den Größen 1 Unze, ½ Unze, ¼ Unze, 1/10 Unze und 1/20 Unze.

Ihren Namen verdankt die Münze dem kanadischen Ahornblatt („Maple Leaf"), das auf der Vorderseite zu finden ist. Auf der Rückseite befinden sich das Porträt der ehemaligen englischen Königin, der Nennwert sowie das Prägejahr des Goldstücks. Seit dem Jahrgang 2024 ziert König Charles III. die Wertseite dieser Münze. Maple Leaf-Münzen gibt es auch in Silber, Platin und Palladium. In den vergangenen Jahren war die kanadische Goldmünze weltweit die Nummer zwei unter den Bullioncoins.

Britannia

Diese Goldmünze erschien erstmals 1987 in vier verschiedenen Größen. Sie war damit die erste europäische Anlagemünze. Die Vorderseite zeigt das Britannia-Motiv, das als Personifikation Großbritanniens gilt. Auf der Rückseite ist die damalige britische Königin zu sehen. Bis 2012 hatte die Britannia – wie der Krügerrand – einen Feingehalt von 916,66/1000, was 22 Karat entspricht. Zunächst wurde Kupfer, später wurden Kupfer und Silber hinzugefügt. Seit 2013 hat die Britannia einen Feingehalt von 999,9/1000 und gehört somit zu den „Four-nine-fine"-Münzen. Seit 2001 wechselt die Gestaltung der Britannia auf der Vorderseite mit jedem ungeraden Jahr. Die Britannia-Münze ist wegen ihrer hohen (glänzenden) Qualität sehr begehrt.

Philharmoniker (Österreich)

Der Wiener Philharmoniker ist die einzige Anlagemünze, die in einem Mitgliedsland der europäischen Währungsunion geprägt wird. Der Gold-Philharmoniker weist einen Feingehalt von 999,9/1000 auf. Die Münze zeigt auf der einen Seite Instrumente des weltbekannten Wiener Orchesters, auf der anderen Seite die von den legendären Neujahrskonzerten bekannte Orgel im Goldenen Saal des Wiener Musikvereins. Der Philharmoniker kam im Jahr 1989 in den Handel und avancierte schnell zur meistverkauften Anlagemünze in Europa. Seit Februar 2016 ist auch eine Platinversion des Philharmonikers erhältlich. Die österreichische Goldmünze gibt es in den Größen 1 Unze, ½ Unze, ¼ Unze, 1/10 Unze und 1/25 Unze. Silber- und Platin-Philharmoniker werden nur in der Größe 1 Unze angeboten.

Geprägt wird diese Münze ausschließlich von der Münze Österreich AG, der offiziellen und einzigen Münzprägeanstalt des Landes. Das Haus blickt auf eine über 800 Jahre lange Geschichte zurück.

Känguru (Nugget)/Lunar (Australien)

Die ersten goldenen Anlagemünzen vom „fünften Kontinent" kamen mit einem Goldklumpen-Motiv (Nugget) auf den Markt. Sie erinnerten an die Zeit der Goldgräber in Australien, die das begehrte Edelmetall in Form eines Nuggets vorfanden. Warum auch immer, jedenfalls kam dieses Motiv bei den Kunden nicht an. Die Prägeanstalt The Perth Mint entschloss sich daraufhin, den Nugget gegen das Känguru auszutauschen, das seither die Vorderseite der Goldmünzen aus „Down under" ziert. Auf der Rückseite ist die damalige britische Königin zu sehen. Der Feingehalt liegt bei 999,9/1000 oder 24 Karat. Die Prägeanstalt The Perth Mint sorgte 1991 für Aufsehen, als sie eine 1-Kilogramm-Variante des goldenen Känguru auf den Markt brachte. Zeitgleich erschienen ferner eine 10-Unzen- und eine 2-Unzen-Münze. Ansonsten reicht die Stückelung von 1/20 Unze bis zum Klassiker – der 1-Unzen-Münze.

Ebenfalls aus Australien kommt der 1996 erstmals ausgegebene Lunar. Er ist in jedem Jahr einem der zwölf Tierzeichen des chinesischen Horoskops gewidmet. Der Lunar hat eine Feinheit von 999,9/1000 und ist dank einer treuen Sammlergemeinde schon am Übergang von Anlage- zu Sammlermünzen angesiedelt.

Panda (China)

Nach dem weltweiten Erfolg der Anlagemünzen entschied sich auch die People's Bank of China 1981, eine Goldmünze auf den Markt zu bringen. Der Gold-Panda erschien erstmals im Jahr 1982. Der Feingehalt der Münze beträgt 999,9/1000. Auf der Vorderseite der Münze ist der Himmelstempel von Peking zu sehen. Die Rückseite zeigt jedes Jahr ein anderes Panda-Motiv. Lediglich in den Prägejahren 2001 und 2002 erschien das gleiche Panda-Bild. Den Panda gibt es in Silber-, Platin- und Palladium-Versionen, diese sind jedoch in Deutschland oft schwer zu bekommen – das gilt insbesondere für den Platin- und Palladium-Panda.

American Gold Eagle/American Buffalo (USA)

Der Name des Gold Eagle nimmt Bezug auf das Adlermotiv auf der Rückseite der Münze. Der Adler ist ein amerikanisches Nationalsymbol. Auf der Vorderseite befindet sich die Freiheitsstatue („Liberty"). Im Erstausgabejahr 1986 wurden rund 1,3 Millionen 1-Unze-Münzen geprägt. Zusammen mit den anderen Münzgrößen kamen etwa 1,7 Millionen Unzen auf den Markt. Um die Härte der Münze zu erhöhen, wird dem Gold ein kleinerer Anteil von Kupfer (5,33 Prozent) und Silber (3 Prozent) beigefügt. Den American Eagle gibt es in den Größen 1 Unze, ½ Unze, ¼ Unze und 1/10 Unze.

Der American Buffalo ist eine „Four nine fine"-Münze, ihr Feingehalt entspricht also 999,9/1000 oder 24 Karat. Der Buffalo wird seit Juni 2006 herausgegeben. Die Rückseite zeigt einen Bison und den nationalen Wahlspruch „In God wie Trust". Es gibt diese Münze in den Größen 1 Unze, ½ Unze, ¼ Unze und 1/10 Unze.

Die wichtigsten Anlagemünzen im Überblick

Bezeichnung	Land	Rohgewicht in Gramm	Feinheit in Promille
Krügerrand	Südafrika	33,93	916,66
Maple Leaf	Kanada	31,10	999,9
Känguru	Australien	31,10	999,9
Philharmoniker	Österreich	31,10	999,9
Eagle	USA	33,93	916,66
Britannia	Großbritannien	31,21	999,9
Panda	China	31,13	999,9
Buffalo	USA	31,10	999,9

Die kleinen, aber feinen Unterschiede

Wie gesagt, eine Anlagemünze ist keine Sammlermünze. Ganz egal also, ob Sie einen Krügerrand oder einen Philharmoniker verkaufen, Sie bekommen jeweils den aktuellen Goldpreis. Und dennoch gibt es unter den Anlagemünzen inzwischen ein paar Raritäten, für die Sammler bereit sind, ein paar Euro oder Dollar mehr zu zahlen. Wenn Sie davon profitieren möchten, dürfen Sie die betreffenden Münzen allerdings nicht an eine Bank oder eine Scheideanstalt verkaufen, sondern müssen sie zum Beispiel auf Ebay oder über Auktionshäuser anbieten. Hier ein paar Beispiele für gesuchte Bullioncoins.

Philharmoniker: Seit Einführung der europäischen Gemeinschaftswährung lautet der Nennwert dieser Münze auf Euro (bei der 1 Unze-Münze 100 Euro). Zuvor galt ein Nennwert von 2.000 Österreichischen Schilling. Sammler interessieren sich vor allem für Münzen mit dem Nennwert in Schilling. Hierfür wird oft ein kleiner Aufpreis akzeptiert.

Krügerrand: Gefragt sind in erster Linie ältere Jahrgänge, insbesondere die Prägungen aus den Jahren 1967, 1968 und 1969. Wie an anderer Stelle bereits ausgeführt, wurde damals jeweils nur eine geringe Stückzahl geprägt. Wegen dieser Knappheit sind Sammler bereit, einen Zuschlag auf den eigentlichen Goldpreis zu zahlen. Wie hoch dieser Zuschlag ausfällt, ist freilich nicht zuletzt vom Erhaltungszustand abhängig.

American Eagle: In den Jahren 1986 bis 1991 wurde auf diesen Goldmünzen das Prägejahr in römischer Zahlenschreibweise angegeben, danach in arabischen Ziffern. Viele Sammler bevorzugen Münzen mit römischer Zahlenschreibweise und zahlen hierfür ein paar Euro mehr.

Welche Größe sollten Sie beim Münzenkauf vorziehen?

Wenn man Goldmünzen unter Anlagegesichtspunkten erwerben möchte, so ist es empfehlenswert, jeweils 1-Unze-Münzen zu kaufen. Grund: Je geringer das Gewicht der Münze, desto stärker fällt die Händler-Marge in Relation zum Goldwert ins Gewicht. Die Marge steht für den Unterschied zwischen Einkaufs- und Verkaufspreis. Basis für die Kalkulation des Händlers sind die Prägekosten. Je kleiner die Münzen, desto höher der anteilige Prägeaufschlag.

Basis für die Kalkulation des Händlers sind die Prägekosten. Je kleiner die Münzen, desto höher der anteilige Prägeaufschlag.

Es macht mithin durchaus Sinn, größere Münzen zu kaufen, sofern man eine entsprechende Summe investieren möchte. Manche Anleger aber wollen sich sukzessive ein kleines Golddepot aufbauen und kaufen monatlich nur geringe Mengen Gold. Nur wenige Glückliche sind Monat für Monat in der Lage, fast 2.000 Euro in eine Unze Gold zu investieren. Also kauft man ½- oder ¼-Unze-Münzen, dafür aber für einen längeren Zeitraum. Der Vorteil: Ähnlich wie bei einem Fondssparplan profitiert der Anleger in diesem Fall vom sogenannten Cost-Average-Effekt. Im Klartext: Er muss – je nachdem, wo der Goldpreis steht – mal mehr, mal weniger für die Münzen zahlen und erzielt auf diese Weise über die Jahre einen relativ günstigen Durchschnittspreis.

Exkurs: Sammlermünzen

Einfach ausgedrückt, werden Bullioncoins von Anlegern gekauft, Sammlermünzen aber – wie der Begriff schon aussagt – von Sammlern (Numismatikern), die sich auf ganz bestimmte Sammelgebiete konzentrieren. Wertbestimmende Faktoren sind zum einen die Seltenheit und zum zweiten der Erhaltungsgrad. Die Skala reicht dabei von „Polierte Platte" (PP) bis hin zu „Sehr gut erhalten". Wobei „Sehr gut erhalten" zwar gut klingt, aber auf deutlich abgewetzte Münzen, teilweise mit zusätzlichen Beschädigungen hinweist. Der Erhaltungszustand einer Münze muss naturgemäß immer im Zusammenhang mit dem jeweiligen Alter beurteilt werden. Eine relativ junge Münze, die es nur auf ein „Sehr schön" oder gar nur

„Schön" bringt, sollten Sammler und Anleger meiden. Antike Münzen hingegen, die schon tausend Jahre und älter sein können, sind mit einem Erhaltungsgrad „Schön" durchaus noch interessant.

Mitunter lassen sich Anlage- von Sammlermünzen nicht klar trennen, die Grenzen können fließend sein. Ein prominentes Beispiel ist das 100-Franken-Vreneli aus der Schweiz. Von dieser Goldmünze wurden im Jahr 1925 lediglich 5.000 Stück geprägt. Nur noch ein Teil davon dürfte heute im Umlauf sein, weshalb diese Münze als eine der teuersten und begehrtesten der Schweiz gilt. Im Jahr 2023 wurde das 100-Franken-Vreneli – je nach Erhaltungszustand - zu Preisen zwischen 12.000 und 16.000 Euro gehandelt. Doch selbst zu diesen Preisen ist die Münze aufgrund ihrer Seltenheit schwer zu bekommen.

Münzen oder Medaillen – was ist was?

Oft verwechselt werden Münzen und Medaillen. Münzen besitzen in den meisten Fällen einen Nennwert und tragen den Namen oder sonstige Symbole des ausgebenden Staates. Medaillen hingegen wird kein Nennwert aufgeprägt. Im Grunde kann jeder ganz individuell Medaillen herausgeben – Privatpersonen, Banken, Unternehmen, Verbände, ja sogar Karnevalsgesellschaften. Doch Vorsicht: Medaillen werden häufig aggressiv beworben. Man ködert die Kunden mit limitierten Auflagen und suggeriert eine überdurchschnittliche Wertsteigerung. Manche Angebote sind aber extrem überteuert. Wer in Medaillen – ganz gleich, ob aus Gold oder Silber – investiert, sollte von vornherein wissen, dass er beim späteren Verkauf nur den jeweiligen Ankaufswert des Edelmetalls erhält. Mit Sammleraufschlägen darf man nur in Ausnahmefällen rechnen.

Goldbarren – für größere Investments

Anleger, die einen größeren Betrag in physisches Gold investieren möchten, sollten Goldbarren kaufen. Die Palette reicht von 1-Gramm-Barren, die man mitunter geschenkt bekommt, wenn man eine Zeitschrift abonniert, bis hin zu stattlichen Barren von 12,5 Kilogramm Gewicht, von denen einer bereits ausreicht, um sich von dessen Gegenwert eine tolle Eigentumswohnung in guter Lage kaufen zu können. Grundsätzlich gilt auch für Goldbarren die Empfehlung: Lieber einige große Barren kaufen als mehrere kleine. Denn relativ gesehen sind kleine und kleinste Barren etwas teurer als große.

Praxisbeispiel:

Der Goldhändler pro aurum verkaufte im Dezember 2023 einen 2-Gramm-Barren Feingold für 136 Euro. Für einen 100-Gramm-Barren musste man 6.239 Euro zahlen. Im Fall des kleinen Barrens zahlte der Kunde für 1 Gramm Feingold also 68 Euro. Beim 100-Gramm-Barren lag der 1-Gramm-Preis bei 62,39 Euro.

Die optimale Stückelung

Obwohl es also etwas günstiger ist, größere Barren zu erwerben, sollten Sie auch auf eine bedarfsgerechte Stückelung achten. Es könnte ja sein, dass unvorhersehbare finanzielle Belastungen auf Sie zukommen und Sie einen Teil Ihrer Goldreserven verkaufen müssen. Besitzen Sie nur große Barren, müssen Sie sich von einem erheblichen Teil Ihres Gold-Investments trennen, obgleich Sie an und für sich wesentlich weniger Geld benötigten, als Sie zum Beispiel für den Verkauf Ihres 250-Gramm-Barrens erlösen. Daher ist es sinnvoll, den überwiegenden Teil zwar in größere Barren zu investieren, allerdings für einen kleineren Teil der Anlagesumme entweder kleinere Barren oder aber Goldmünzen (1 Unze oder ½ Unze) zu erwerben. Dann haben Sie im Bedarfsfall die Möglichkeit, ziemlich genau soviel Gold zu verkaufen, wie Sie zur Deckung Ihres Liquiditätsbedarfs tatsächlich benötigen.

Die unterschiedlichen Arten von Goldbarren

Eigentlich ist es völlig egal, welchen Goldbarren Sie kaufen, Hauptsache, er ist echt (dazu mehr im nächsten Kapitel). Dennoch gibt es mehrere Arten von Barren – welche Sie vorziehen, ist letztlich eine Geschmacksfrage. Hier die wichtigsten Arten von Goldbarren im Überblick:

1. **Geprägte Goldbarren** werden aus einem Goldblech herausgestanzt. Dieses Verfahren ist heute bei kleineren bis mittelgroßen Barren (meist bis 100 Gramm) üblich. Die fertig geprägten Barren werden zum Schluß je nach Hersteller oder Kundenvorgabe in Folie verschweißt oder in einer sogenannten Blisterbox (Sichtverpackung) eingesiegelt.

2. **Gegossene Goldbarren** gibt es normalerweise erst ab einer Barren-Größe von 250 Gramm aufwärts. Viele Kunden ziehen allerdings die etwas „old fashioned" anmutenden gegossenen Barren den geprägten vor. Daher sind mittlerweile auch 50- und 100-Grammbarren in gegossener Form zu haben. Bei diesem

Verfahren wird das Goldgranulat entweder in einem Tiegel eingeschmolzen und dann unter Zugabe einer Schutzgasflamme in die Barrenform, die meist entweder aus Eisen oder aus Graphit besteht, gegossen. Oder aber das Granulat wird direkt in die Barrenform eingefüllt und dann in dieser verflüssigt. Beim Erkalten des Barrens entstehen die typischen Erstarrungslinien, die jeden Gussbarren zu einem Unikat machen. Daher sind gegossene Barren bei Kunden so beliebt.

3. **Kinebarren (oder Kinebar)** verfügen über eine Sicherheitstechnologie in Form eines Kinegramms, wie es zum Beispiel auch für Banknoten und Reisepässe verwendet wird. Das Kinegramm befindet sich auf der Rückseite des Barrens. Argor-Heraeus stellt Kinebarren bereits seit 1994 her. Die Namensrechte für „Kinebar“ liegen hingegen bei der Schweizer Großbank UBS. Besonders beliebt sind die Kinebarren der Münze Österreich. Deren Kinegramm besteht aus einem Lipizzaner. Je nach Betrachtungswinkel verändert sich die Position, Pferd und Reiter scheinen zu springen.

4. **Tafelbarren (international als CombiBars bezeichnet)** gleichen tatsächlich einer Tafel Schokolade. Sie bestehen aus einem Verbund von 1-Gramm-Barren, die mithilfe von Sollbruchstellen voneinander getrennt werden können. Sie haben also die Möglichkeit, genau soviele kleine Goldbarren herauszubrechen und zu verkaufen, wie Sie brauchen, um einen bestimmten Verkaufserlös zu erzielen.

5. **Numismatische (oder historische) Goldbarren** interessieren vor allem Sammler. Diese Barren sind al-

lesamt gegossen und tragen große Namen, so zum Beispiel „Rothschild & Sons“ oder „Thurn und Taxis“. Bei Sammlern begehrt sind ferner alte russische CCCP Goldbarren. Wer solche Stücke erwerben möchte, muss meist einen deutlichen Aufschlag auf den reinen Goldpreis hinnehmen (ähnlich wie bei Sammlermünzen).

Schmuck – mehr Luxus als Investment

Sage niemand, man könne mit Schmuck kein Geld verdienen. Ende 2009 – auf dem Höhepunkt der Finanzkrise – wechselte zum Beispiel ein Collier der schottischen Herzogin von Roxburgh für fast vier Millionen Euro seinen Besitzer. Das entsprach etwa dem Fünffache des Schätzpreises. Doch das ist eine der viel bestaunten Ausnahmen. Als reines Investment kommt Gold- oder Platinschmuck kaum in Betracht. Dafür gibt es einen einfach nachvollziehbaren Grund: In edlem Schmuck steckt viel Handarbeit, die natürlich bezahlt werden muss. Sie zahlen also weit mehr als den reinen Goldpreis. Gute Wiederverkaufspreise lassen sich nur erzielen, wenn man auf einen Liebhaber trifft, der Gefallen an dem Schmuckstück findet und bereit ist, einen entsprechend hohen Preis zu zahlen. Sie bewegen sich im Fall von Schmuck nicht auf dem Finanzmarkt, sondern auf dem unberechenbaren Sammlermarkt. Wer also vorrangig an Wertsteigerung denkt, für den erscheint es allemal sinnvoller, Goldbarren oder -münzen zu erstehen.

Schmuck hingegen ist – wie gesagt – ein Investment für Liebhaber. Nur wenn das gute Stück wirklich gefällt und getragen werden soll, kommt ein Kauf in Betracht. Der Aspekt der Geldanlage darf in diesem Fall allenfalls eine Nebenrolle spielen. Hinzu kommt: Reines Gold (24 Karat) lässt sich in der Regel nicht zu Preziosen verarbeiten. Mithin wird Schmuck aus Goldlegierungen gefertigt. Schmuck aus 14- oder gar nur aus 8-karätigem Gold eignet sich aber nicht als Kapitalanlage. Wenn überhaupt, dann sollte für einen Anleger nur 18-karätiges Gold in Frage kommen. Gefragt sind seit einiger Zeit vor allem Colliers, Armbänder und Ringe. Broschen hingegen stehen nicht sonderlich hoch im Kurs. Für historischen Schmuck gilt: Große Namen wirken sich potenziell wertsteigernd aus. Dazu gehören zum Beispiel René Lalique, aus dem Jugendstil sowie Juweliere des Art déco wie etwa Mauboussin, Boucheron, Van Cleef & Arpels und natürlich Cartier. Werthaltig sind grundsätzlich nur Hochwertiges und Seltenes, also Schmuck, der nicht beliebig vermehrbar ist.

Verstehen Sie mich bitte nicht falsch: Ich möchte niemandem die Freude an seinem Schmuck vermiesen. Hier kommen Emotionen und der persönliche Geschmack ins Spiel. Wer sich für ein schönes Schmuckstück aus 8-karätigem Gold begeistert, sollte es kaufen und sich nicht irritieren lassen, wenn manche verächtlich von „Kaufhausgold“ sprechen. Schmuck soll schmücken. Tut er das, dann hat er seinen Zweck erfüllt.

Zahngold: Vorsicht, „schwarze Schafe“

Vom Schmuck zum Zahngold – zugegeben, ein harter Schnitt. Manchen von Ihnen wird dieses Thema vermutlich sogar ein wenig unappetitlich erscheinen, ich möchte es an dieser Stelle aber dennoch anschneiden, weil gerade auf diesem Gebiet viele „schwarze Schafe“ unterwegs sind.

Mal mehr und mal weniger vertrauenserweckende Geschäfte in den Innenstädten und vor allem in Bahnhofsnähe werben bisweilen schon marktschreierisch mit dem Ankauf von Gold. Dabei geht es weniger um Barren und Münzen, sondern eher um Schmuck und Zahngold. Vor einiger Zeit amüsierte ich mich etwas über die Kleinanzeige eines Trödlers, der es seinen Kunden beim Ankauf von Zahngold offenbar so einfach wie möglich machen möchte: „Lassen Sie die Zähne ruhig dran", stand da in wenig einfühlsamem Deutsch zu lesen. Solche Händler wissen genau, dass viele potenzielle Kunden noch Zahngold (eben mit Zähnen) besitzen, aber nicht genau wissen, wohin damit. Seiner Hausbank kann man sie wohl kaum auf den Tresen legen. Also bieten die Zahngold-Ankäufer einen bequemen Weg: Die Kunden bringen das Zahngold vorbei, oder sie schicken es ein. Der Händler zahlt einen Preis, der deutlich unter dem eigentlichen Wert liegt, und bringt das gesammelte Zahngold zu einer Scheideanstalt. Dort bekommt er den Gegenwert gleich bar ausgezahlt, oder aber der Käufer stellt einen Scheck aus. Je nachdem, zu welchem Preis das Zahngold angekauft wurde, kann man mit dieser Methode durchaus Geld verdienen.

Man muss sich jedoch nicht der „Serviceleistungen" dieser Zwischenhändler bedienen und kann so höhere Verkaufserlöse erzielen. Wie das funktioniert, dazu gleich mehr. Zunächst jedoch zur Frage, was unter Zahngold konkret zu verstehen ist. Soviel vorab: Es handelt sich in keinem Fall um reines Gold. Zahngold, Inlays und Kronen bestehen aus einer Legierung der Edelmetalle Gold, Silber, Platin und Palladium. Zu unterscheiden ist gelbes Zahngold von weißem Zahngold. Gelbes Zahngold besteht meist aus einer hochwertigen

Legierung mit fünfzig- bis neunzigprozentigem Goldanteil. Hinzu kommen Silber, Palladium und Platin. Weißes Zahngold kann aus verschiedenen Legierungen bestehen, darunter Gold, Platin sowie einer weniger wertvollen Silber-Palladium-Legierung. Solange der Ankäufer von Zahngold nicht genau weiß, um welche Legierungen es sich handelt, ist er auch nicht in der Lage, einen fairen Preis zu nennen. Der Händler „an der Ecke“ wird in der Regel einen so niedrigen Preis anbieten, dass er in jedem Fall auf der sicheren Seite ist. Seriöse Ankäufer hingegen analysieren den tatsächlichen jeweiligen Anteil an den einzelnen Edelmetallen (also Gold, Silber, Platin und Palladium) und ermitteln auf diese Weise einen angemessenen Preis.

Praxistipp:

Wenn Sie ein Goldankäufer fragt, welchen Preis Sie sich denn vorstellen, empfehle ich Ihnen, das Gespräch an dieser Stelle abzubrechen. Der An- und Verkauf von Gold ist kein orientalischer Kamelmarkt. Es gibt einen aktuellen Goldpreis, und an dem orientiert sich der Ankäufer. Dass er davon seine Spanne abzieht, ist legitim. Einen unbedarften Kunden jedoch nach dessen Preisvorstellungen zu fragen und ihm den Schwarzen Peter der Preisfindung zuzuschieben, erscheint im Goldgeschäft wenig seriös.

Doch nun zu meinem versprochenen Tipp: Statt sich von unseriösen Ankäufern gleichsam über den Tisch ziehen zu lassen, schicken Sie Ihr Zahngold einfach an eine Scheideanstalt, zum Beispiel an die ESG Edelmetall Service GmbH in Rheinstetten bei Karlsruhe. Dort werden einzelne Zahnkronen per Spektralanalyse auf die Edelmetalle Gold, Silber, Platin und Palladium untersucht. Auf diese Weise wird ein fairer, tagesaktueller Preis ermittelt.

Scheideanstalten nehmen nicht nur Zahngold, sondern alle Edelmetalle an, die eingeschmolzen werden sollen (Scheidgut). Ich empfehle Ihnen aber eine vorherige Kontaktaufnahme, um zu erfahren, ob die betreffende Scheideanstalt auch geringere Mengen Alt- oder Zahngold von privaten Kunden annimmt. Neben der ESG (www.scheideanstalt.de) seien an dieser Stelle beispielhaft und ohne Anspruch auf Vollständigkeit einige weitere Scheideanstalten genannt:

- Hauptstadt Gold Berlin (www.hauptstadtgold.de)
- Scheideanstalt Karlsruhe (www.Scheideanstalt-Ka.de)
- Norddeutsche Edelmetall Scheideanstalt bei Hamburg (www.norddeutsche-edelmetalle.de)
- Rheinische Scheideanstalt, Köln (www.rheinische-scheidestaette.de)
- Ögussa / Österreich) (www.oegussa.at)

Gold-Sparpläne

Wer noch einige Jahre Zeit hat bis zu seinem Ruhestand und bis dahin inflationsgeschützt in Gold (oder andere Edelmetalle) investieren möchte, für den kommt ein Sparplan in Betracht. Den können Sie auf verschiedene Weise umsetzen. Zum Beispiel, indem Sie – wie an anderer Stelle bereits ausgeführt – monatlich oder auch quartalsweise einen kleinen Goldbarren oder eine kleine Goldmünze erwerben. Aber wie gesagt: Je kleiner das Goldstück, desto teurer der Preis pro Gramm Gold im Vergleich mit größeren Barren. Deshalb ist es empfehlenswert, zunächst einen bestimmten Betrag anzusparen – zum Beispiel durch monatliche Überweisungen auf ein Tagesgeldkonto –, um später dann eine 1-Unze-Münze oder einen 50-Gramm-Barren zu erwerben. Nachteil: Es dauert eine Weile, bis Sie das Geld angespart haben. Und dann kann der Goldpreis schon wieder deutlich gestiegen sein. Oder aber auch gefallen, dann hätten Sie einen Vorteil.

Die Alternative besteht im Abschluss eines Goldsparplans, wie ihn große Edelmetallhändler anbieten. Und der funktioniert folgendermaßen: Sie zahlen monatlich einen bestimmten Betrag – zum Beispiel 50 oder 100 Euro – in einen Sparplan. Damit erwerben Sie den Bruchteil eines Goldbarrens oder einer Goldmünze. Dank des Cost-Average-Effekts bekommen Sie für Ihren monatlichen Sparbetrag mal mehr und mal weniger Gold, je nachdem, wie sich der Preis für das Edelmetall entwickelt hat. Nach einiger Zeit gehört der ausgewählte Barren oder die Münze Ihnen. Ihr Gold wird entweder in einem Hochsicherheitstresor des Goldhändlers verwahrt, oder sie lassen sich das Goldstück zuschicken. Solche Sparpläne können Sie übrigens auch jederzeit erhöhen und reduzieren oder auch kündigen.

4. Gold sicher kaufen und verkaufen

Dass die dreisten Goldfälscher Hochkonjunktur haben, kann nicht überraschen. Der Goldpreis ist – trotz gewisser Schwankungen – in den vergangenen Jahren deutlich gestiegen. Das weckt Begehrlichkeiten. Zur Erinnerung: Die Unze Feingold kostete im Jahr 2010 weniger als 1.000 Euro. Im Dezember 2023 lag der Preis bei rund 2.000 Euro. Daher kann es für Kriminelle durchaus lukrativ sein, Goldbarren zu fälschen. Und dies noch dazu mit überschaubarem Aufwand. Experten schätzen, dass man in einen Kilo-Barren Gold etwa Dreiviertel Wolfram hineinpacken kann, das etwa das gleiche spezifische Gewicht aufweist wie Gold. Gelingt es, den gefälschten Barren zu verkaufen hat der Betrüger etwa einen Nettogewinn zwischen 50.000 und 60.000 Euro eingefahren. Verkauft er pro Jahr zwei oder drei solcher Barren, kann er ein durchaus komfortables Leben führen. Aber bekanntlich geht der Krug solange zum Brunnen, bis er bricht.

Barren sind einerseits leichter zu fälschen als Münzen. Andererseits fallen gefälschte Barren eher auf, da sie zumindest bei seriösen Händlern umfassenden Tests unterzogen werden. Bei einer ½-Unze Goldmünze hingegen schaut man mitunter vielleicht nicht so genau hin. Gefälschte Münzen lassen sich deshalb leichter in Umlauf bringen als gefälschte Barren. Woher stammen die Fälschungen? Hierzu gibt es nur Vermutungen. Fest steht aber, dass die primitiven und billigen Fälschungen eher die Ausnahme sind, sieht man von einfachen Imitationen aus China einmal ab.

Darüber hinaus fällt auf, dass immer wieder andere Goldbarren gefälscht werden. Im Jahr 2015 zum Beispiel kamen in Deutschland verstärkt Känguru-Barren auf den Markt, und zwar in allen Gewichten. Diese ließen sich aber vergleichsweise einfach identifizieren, da zur Fälschung nicht Gold, sondern vergoldetes Messing verwendet worden war. Somit stimmt das Gewicht im Verhältnis zur Barrengröße nicht. Sogar Kinebarren werden gefälscht. Dabei konzentrieren sich die Kriminellen auf kleine und kleinste Barren (zum Beispiel 2 Gramm), weil sie vermuten, dass diese nicht so aufwändig geprüft werden.

Die Prüfungsprozesse eines Barrens im Überblick

1. Um echtes Gold von falschem zu unterscheiden, braucht der Edelmetallhändler erstens Erfahrung und zweitens eine Reihe von Geräten. Am Anfang steht immer der Augenschein, nämlich die Prüfung der Oberfläche der Goldbarren. Einfache Fälschungen lassen sich schon dabei identifizieren, zum Beispiel dann, wenn das Prägebild des Barrens und dessen Oberfläche nicht identisch sind mit bekannten Barren des aufpunzierten Herstellers. Bei Barren mit Seriennummern fallen Fälschungen darüber hinaus oft dadurch auf, dass mehrere Barren mit identischer Seriennummer angeboten werden.

2. Überdies sollte jeder Barren einzeln gewogen werden, um festzustellen, ob das einpunzierte Gewicht mit dem tatsächlichen Barrengewicht übereinstimmt. Fälschungen oder auch Musterbarren, wie sie zum Beispiel als Schaufenster-Dekoration verwendet werden, weichen vom einpunzierten Gewicht ab. Das ist allemal ein Alarmsignal.

3. Angenommen, das Gewicht ist korrekt. In einem weiteren Schritt muss geprüft werden, ob die Abmaße des Barrens im Verhältnis zum spezifischen Gewicht des jeweiligen Edelmetalls entsprechend plausibel sind. Die Vermessung des Barrens (Länge x Breite x Höhe in Zentimeter) ergeben dessen Volumen in Kubikzentimeter, das nun mit dem spezifischen Gewicht des betreffenden Edelmetalls multipliziert wird. Daraus resultiert das Sollgewicht des Barrens. Hier die spezifischen Gewichte der Edelmetalle:

Edelmetall	Spezifisches Gewicht pro Kubikzentimeter
Gold	19,3 g
Silber	10,5 g
Platin	21,4 g
Palladium	12,0 g

Beispiel: Die Maße des Barrens betragen 10 cm (Länge), 5 cm (Breite) und 1,5 cm Höhe:

10 x 5 x 1,5 = 75 Kubikzentimeter x 19,3 (spezifisches Gewicht) = 1,45 Kilogramm Masse.

4. Diese Prüfungsmethode bleibt in der Regel Profis vorbehalten: Bei kleineren Edelmetallbarren (bis 50 Gramm) werden die Homogenität und die Feingehaltsbestimmung mittels eines Leitfähigkeitsmessgeräts vorgenommen. Dabei können die Barren auch durch dünne Folien hindurch untersucht werden. Bei größeren Edelmetallbarren (ab 100 Gramm) stellt man die Homogenität eines Barrens per Ultraschallmessung fest. Bei dieser Untersuchung zeigt sich, ob der zu untersuchende Barren tatsächlich vollständig aus Gold besteht, oder ob es sich nur um eine goldene Hülle handelt, die einen Kern aus Wolfram umgibt. Natürlich kann man auch Silber-, Platin- und Palladiumbarren auf diese Weise untersuchen.

5. Schließlich noch zwei ganz simple Tricks, mit dem Sie zumindest plumpe Fälschungen schnell als solche erkennen. Sie brauchen nur einen Magneten. Reines Gold ist nicht magnetisch. Anders verhält es sich mit bestimmten Legierungen. Die beigemischten Metalle können sehr wohl magnetisch sein, im Fall von Weißgold zum Beispiel Nickel oder Kobalt.

Als erste oberflächliche Prüfung ist der sogenannte Ätztest mit bestimmten Säuren zu empfehlen. Je höher der Goldgehalt, desto konzentrierter muss die verwendete Säure sein, um der Oberfläche etwas anhaben zu können. Diese beiden Methoden geben Ihnen jedoch nur erste Anhaltspunkte und ersetzen keinesfalls die beschriebenen Testverfahren.

Erst wenn alle diese Tests zufriedenstellend verlaufen sind, kann man sicher sein, dass es sich um echtes Gold, Silber, Palladium oder Platin handelt. Sie als Anleger dürften kaum über die nötigen – und nicht gerade billigen – Instrumente verfügen, um gefälschte Goldbarren entlarven zu können. Es gibt zwar einfachere Methoden und preiswerte Instrumente, mit denen Sie Goldbarren und -münzen testen können. Doch zuverlässig sind diese nicht. Was bringt es Ihnen, wenn Sie zum Beispiel feststellen, dass die Oberfläche des Barrens tatsächlich aus echtem Gold besteht? Den Kern aus billigem Wolfram können Sie auf diese Weise nicht entlarven.

Praxistipp:

Kaufen Sie Ihre Goldbarren und -münzen daher bei renommierten Händlern oder bei der Bank. Ich weiß, dass sich Bankmitarbeiter nicht eben freuen, wenn Sie eine Unze Gold kaufen. Die Margen sind gering, und Ihr Geldinstitut verdient natürlich ungleich mehr, wenn Sie Fondsanteile oder Zertifikate erstehen. Lassen Sie sich dadurch nicht irritieren. Wenn Ihre Bank Umstände bereiten sollte, gehen Sie einfach zu einem renommierten Goldhändler (siehe unten). Dort ordern Sie Ihre Barren oder Münzen online und bekommen Ihre Schätze sicher und verlässlich von einem entsprechend spezialisierten Werte-Logistiker geliefert, oder aber Sie holen Ihr Gold persönlich ab.

Den Edelmetallkauf über Ebay möchte ich Ihnen nicht empfehlen. Nicht etwa, weil dort nur „schwarze Schafe" und Betrüger unterwegs wären. Die gibt es natürlich, aber eben auch einige durchaus seriöse Händler. Weil aber, wie erwähnt, die Margen im Edelmetallhandel gering sind, werden die Ebay-Gebühren oft an den Kunden weitergegeben. Das heißt, Sie zahlen letztlich mehr als bei einem Edelmetallhändler oder Ihrer Bank. Zudem bleibt die Ungewissheit, nicht doch einem Betrüger auf den Leim gegangen zu sein. Sollten Sie dennoch einmal bei einem Ebay-Anbieter kaufen, so lesen Sie die Artikelbeschreibung ganz genau und achten Sie auf Formulierungen wie diese: „Privatkauf, Echtheit kann nicht garantiert werden“. Dann sollten alle Alarmglocken läuten.

Warnen möchte ich Sie schließlich noch vor dem sogenannten „Autobahngold“. Stellen Sie sich vor, Sie fahren gutgelaunt in den Urlaub und machen mit Ihrer Familie Pause an einer Autobahn-Raststätte. Während Sie sich bei einem Kaffee entspannen, spricht sie ein total verzweifelt wirkender Mann an. Man habe ihm seine Brieftasche mit allen Karten und dem gesamten Bargeld gestohlen. Nun könne er nicht einmal heimfahren zu seinen Kindern. Er zieht einen scheinbar goldenen Ring von seinem Finger, zeigt auf die Punzierung und behauptet, das sei 18 Karat Gold. Er verlangt dafür 100 Euro, um tanken zu können. Sie wittern ein gutes Geschäft, und da der Mann bei aller Verzweiflung einen seriösen Eindruck macht, stimmen Sie diesem vermeintlich lukrativen Deal zu. Zu Hause lassen Sie den angeblichen Gold-Ring dann von einem Juwelier schätzen: Pech gehabt, es handelt sich um wertlosen Messingschmuck. Lassen Sie sich niemals auf solch dubiose Geschäfte ein.

Wo Sie beruhigt Edelmetalle kaufen können

Häufig erreichen mich Anfragen von Lesern, die wissen möchten, welchem Edelmetallhändler Sie sich anvertrauen können. Ich tue mich – ganz offen – schwer mit der Antwort, weil es tatsächlich sehr viele Edelmetallhändler gibt, die Ihr Vertrauen verdienen. Einige von ihnen sind sogar auf Ebay unterwegs. Insofern kann ich Ihnen an dieser Stelle nicht alle seriösen Händler nennen. Ein Verzeichnis finden Sie aber zum Beispiel auf der Internetseite www.Gold.de.

Wenn Sie Ihre Goldbarren oder –münzen online bestellen wollen, so zählen unter anderem pro aurum (www.proaurum.de), Degussa Goldhandel (www.degussa-goldhandel.de), Geiger Edelmetalle (www.geiger-edelmetalle.de), Heubach Edelmetalle (www.heubach-edelmetalle.de) und www.goldsilbershop.de zu den ersten Adressen. In Österreich ist unter anderem www.goldvorsorge.at zu empfehlen. Überdies unterhalten auch Scheideanstalten eigene Onlineshops, zum Beispiel Heimerle + Meule (https://shop.heimerle-meule.eu) oder die Allgemeine Gold- und Silber-Scheideanstalt (www.agosishop.de).

Dies sind allerdings nur einige Beispiele für seriöse Händler. Es gibt daneben zahlreiche weitere Unternehmen, die Ihr Vertrauen verdienen, vielleicht sogar ganz in Ihrer Nähe.

Fünf Praxistipps zum Gold-Verkauf

1. Versuchen Sie, möglichst nur soviel Gold zu verkaufen, wie Sie zur Deckung Ihres Liquiditätsbedarfs brauchen. Besonders geeignet hierfür sind die sogenannten Tafelbarren, bei denen Sie jeweils 1-Gramm-Barren herauslösen können. Sie haben dadurch also zum Beispiel die Möglichkeit, genau 63 Gramm Gold zu verkaufen, statt sich von Ihrem 100 Gramm-Barren trennen zu müssen

2. Meiden Sie marktschreierische Händler, für die der Goldankauf nur ein Nebengeschäft ist (zum Beispiel Trödler, Telefonkartenverkäufer usw.). Verkaufen Sie über spezialisierte Händler, bei denen Sie auch vertrauensvoll Gold kaufen würden. Natürlich können Sie Gold und andere Edelmetalle über Scheideanstalten seriös verkaufen. Als dritte Möglichkeit bleibt Ihre Hausbank. Doch Vorsicht: In der Regel wird Ihnen der Ankaufspreis auf Ihrem Girokonto gutgeschrieben. Sollten Sie Ihr Gold seinerzeit in Form eines anonymen Tafelgeschäfts gekauft haben, können kritische Nachfragen des Finanzamtes drohen.

3. Informieren Sie sich über die Ankaufspreise. Diese dürften bei seriösen Goldhändlern und Banken in den meisten Fällen weitgehend identisch sein. Unterschiede können sich jedoch ergeben, wenn der Händler die Preise jeweils zeitnah anpasst. Bei größeren Positionen machen sich auch sehr kleine Unterschiede in der Endabrechnung bemerkbar. Informieren Sie sich daher auf den Internet-Seiten der entsprechenden Händler. Maßgebend ist der Preis zu jenem Zeitpunkt, zu dem der Händler seine Ankauf-Zusage erteilt – auch wenn der Goldbarren aufgrund des Versands erst zwei oder drei Tage später bei ihm zugestellt wird. Die Alternative: Sie bringen Ihre Schätze direkt zum Händler und nehmen dann gleich Bargeld oder einen Scheck entgegen. Unternehmen wie pro aurum oder Degussa verfügen mittlerweile über mehrere Niederlassungen in Deutschland und im benachbarten Ausland.

4. Legen Sie ruhig mal etwas auf die Goldwaage. Wenn Sie Bruchgold oder Schmuck verkaufen möchten, können Sie die damit realisierbaren Erlöse leicht selbst errechnen. Im Internet gibt es viele Goldpreis-Rechner (geben Sie diesen Begriff einfach in die Suchmaschine ein). Um das Gewicht Ihres Goldes festzustellen, reicht eine sehr präzise Küchenwaage meistens aus. Besser ist es natürlich, Sie kaufen sich eine kleine elektronische Goldwaage, die Sie im Internet recht günstig bekommen. Nun tragen Sie einfach das festgestellte Gewicht in die Rubrik mit dem entsprechenden Goldgehalt ein. Also zum Beispiel 49 Gramm 14 Karat Gold – und schon erscheint der aktuelle Wert Ihres Goldstücks.

5. E-Bay-Verkäufe machen keinen Sinn. Manche verkaufen ihre Münzen und Barren auch über E-Bay. Ich rate davon ab. Höhere Preise realisieren Sie über diese Verkaufsplattform in aller Regel nicht (im Gegenteil, die „E-bayer" lauern ständig nur auf vermeintliche Schnäppchen), dafür müssen Sie aber die nicht gerade geringen Verkaufsprovisionen zahlen. Bedenken Sie auch die Risiken, die auf diese Weise entstehen können. Der Käufer Ihrer Münze kennt Sie und Ihre Adresse (womöglich holt er sich das Gold sogar persönlich ab und kann Ihre Wohnung oder Ihr Büro in Augenschein nehmen). Er wird außerdem vermuten, dass Sie noch mehr Gold besitzen. Wer weiß, was er mit diesen Informationen anstellt.

5. Die sichere Aufbewahrung

Hätten Sie's gewusst? In deutschen Privathaushalten lagern rund 8.200 Tonnen Gold? Rund zwei Drittel aller volljährigen Deutschen verfügen über privaten Goldbesitz, entweder in Form von Schmuck, Barren, Münzen oder auch goldbezogenen Wertpapieren. Aber wo lagern sie ihre Goldschätze? Diese Frage hat in den vergangenen Jahren enorm an Brisanz gewonnen, denn die Zahl der Wohnungseinbrüche steigt seit einigen Jahren wieder. Allein im Jahr 2022 verzeichnete die Polizeiliche Kriminalstatistik in Deutschland über 66.000 Wohnungseinbrüche. Wo sollten Sie also Ihre Goldbarren und –münzen am besten lagern? Viele möchten Ihre Schätze am liebsten zu Hause aufbewahren. Was Sie dabei beachten sollten, erfahren Sie auf den nachfolgenden Seiten. Sollten Sie jedoch vertiefende Informationen wünschen, so empfehle ich Ihnen mein Buch *Sachwerte sicher aufbewahren*, das im KOPP-Verlag erschienen ist.

Den richtigen Tresor auswählen

Klare Sache: Alles, was wertvoll ist, gehört in einen Wertschutzschrank, umgangssprachlich Tresor oder Safe genannt. Nur – welche Voraussetzungen muss dieser Schrank erfüllen, um erstens Ihre Wertsachen vor dem Zugriff von Einbrechern zu schützen und zweitens, um von der Versicherung anerkannt zu werden? Wenn Sie in Ihrem Haushalt größere Mengen Gold oder andere Edelmetalle aufbewahren möchten, ist die Anschaffung eines Wertschutzschrankes dringend zu empfehlen.

Achten Sie beim Kauf darauf, dass der Wertschutzschrank den Anforderungen der VdS entspricht. Dieses Institut gehört zum Gesamtverband der Versicherungswirtschaft. Um die VdS-Anerkennung eines Wertschutzschranks erkennbar zu machen, erhält er eine VdS-Plakette an der Innenseite der Tür. Diese Plakette informiert über die wichtigsten Konstruktions- und Anerkennungsdaten des jeweiligen Tresors (zum Beispiel Jahr der Herstellung, Produktbezeichnung des Herstellers, Klasse der ausgesprochenen Zertifizierung und die VdS-interne Verwaltungsnummer).

Es gilt, zwischen unterschiedlichen, vom VdS anerkannten Widerstandsgraden der Tresore zu differenzieren. Sie reichen von N und I bis X. Für Privatpersonen sind in der Regel Wertschutzschränke in den Widerstandsgraden N, I und II ausreichend.

Wichtig: Vom Widerstandsgrad des Wertbehältnisses ist die Deckungssumme Ihrer Hausratsversicherung abhängig. Das heißt, es gibt entsprechende Höchstgrenzen bei der Entschädigung durch Ihren Hausratsversicherer. Je höher die Deckungssumme, desto massiver muss ein Wertschutzschrank sein. Durch den Einbau einer anerkannten Einbruchmeldeanlage (EMA) können Sie die Deckungssumme nochmals erhöhen. Im Allgemeinen gelten die folgenden Summen:

VdS-anerkannter Widerstandsgrad des Tresors	Sicherheitsstufe nach VDMA (Verband Deutscher Maschinen- und Anlagenbau e.V.)	Deckungssumme ohne Einbruchmeldeanlage bis ... Euro	Deckungssumme mit Einbruchmeldeanlage bis ... Euro
N	Stahlschrank B	40.000	80.000
I	Wertschrank C1 F	65.000	130.000
II	Wertschrank C2 F	100.000	200.000
III	Panzer-Geldschrank D10 Panzer-Geldschrank D1	200.000	400.000
IV	Panzer-Geldschrank D20 Panzer-Geldschrank D2	400.000	800.000

Angaben ohne Gewähr. Quelle: Gothaer Versicherung, Stand 2023

Die Wertschutzschränke sollten zur Abdeckung hoher Haushaltsrisiken eine Mindestmasse von 200 Kilogramm aufweisen und entsprechend der Montageanleitung des Herstellers im Mauerwerk verankert werden. Sogenannte Einmauerschränke sind in die Wand oder in den Fußboden einzulassen. Die Wertschutzschränke werden dabei von mehreren Einmauerankern in einer mindestens 10 Zentimeter dicken Betonumhüllung komplett eingemauert. Auch die Rückseite des Wertschutzschranks muss man durch eine mindestens 10 Zentimeter dicke Betonschicht schützen. Freistehende Wertschutzschränke sollten ein Gewicht von mindestens 1.000 Kilogramm aufweisen und sind daher für Privathaushalte schon aus statischen Gründen meist ungeeignet.

Und noch ein wichtiger Tipp: Man sollte unbedingt auf eine möglichst diskrete Anlieferung in einem neutralen Lkw ohne Firmenaufschrift achten. Steht dort nämlich zum Beispiel *Tresore und Sicherheitstechnik H. Dertinger* oder Ähnliches, kann dies die Neugier von ungebetenen Gästen wecken, die nichts Gutes im Schilde führen.

Alarmanlagen – welche passt zu Ihrem Bedarf?

Wenn Sie auf Nummer Sicher gehen möchten, sollten Sie sich zusätzlich noch eine Alarmanlage installieren lassen. Einbruchmeldeanlagen, wie Alarmanlagen offiziell heißen, werden ebenfalls vom VdS anerkannt und entsprechend ihrer Leistungsfähigkeit in die Klassen A, B, und C eingestuft. Für Privathaushalte reichen Alarmanlagen der Klassen A und B normalerweise aus. Auch dabei gilt: Wenn Sie eine besonders hohe Versicherungssumme wünschen, müssen Sie sich für eine Alarmanlage mit höherer Klassifizierung entscheiden.

Wichtig: Fragen Sie Ihren Fachbetrieb, ob dessen Techniker die Alarmanlage nach VdS-Standard nach der gültigen Norm mit der reichlich umständlichen Bezeichnung DIN V VDE V 0826-1 („Überwachungsanlagen – Teil 1: Alarmanlagen für Wohnhäuser, Wohnungen und Räume mit wohnähnlicher Nutzung – Planung, Einbau, Betrieb und Instandhaltung") errichtet. Falls nicht, sollten Sie darauf bestehen und gegebenenfalls einen anderen Betrieb beauftragen.

Vor- und Nachteile der Alarmsysteme

Abhängig von den Überwachungskonzepten und der Art des Alarms können Sie unter folgenden Alternativen wählen:

1. Alarmanlage zur Außenhautüberwachung: Diese Anlage überwacht die Außenhaut Ihres Hauses, vor allem also Fenster und Türen. Das hat zwei Vorteile: Erstens wird der Einbruchsversuch in einer frühen Phase festgestellt und Alarm ausgelöst. In den meisten Fällen dürfte der Einbrecher dann die Flucht ergreifen. Es kommt mithin gar nicht zum Einbruch. Meist bleiben auch keine Schäden an der Außenhaut des Hauses zurück. Dringt der Täter nicht in Ihre Wohnung ein, vermeiden Sie zudem die oftmals sehr gefährliche Konfrontation mit dem Einbrecher. Zweiter Vorteil: Sie können die Anlage auch dann scharfschalten, wenn Sie sich im Inneren Ihres Hauses aufhalten.

2. Schwerpunkt- oder Fallenüberwachung: Diese Anlagen erkennen einen bereits eingedrungenen Täter. Um nicht das gesamte Haus überwachen zu müssen, setzen Sie gezielt Schwerpunkte. Die Fallenüberwachung umfasst nur solche Bereiche, die der Täter mit hoher Wahrscheinlichkeit betritt, zum Beispiel den Flur einer Wohnung. Nachteil: Der Täter ist bereits in Ihrer Wohnung. Treffen Sie mit ihm zusammen, kann es gefährlich werden. Stellen Sie fest, dass sich ein Einbrecher in Ihrem Haus befindet, rufen Sie umgehend die Polizei. Ein eingeschaltetes (und ausreichend aufgeladenes) Handy sollte nachts immer auf Ihrem Nachttisch liegen (Notruf per Handy: 112).

3. Objektüberwachung: Darunter ist die gezielte Überwachung von bestimmten Gegenständen zu verstehen, also zum Beispiel des Tresors oder wertvoller Gemälde an den Wänden.

Extern- oder Internalarm?

Die Anlagen unterscheiden sich ferner hinsichtlich ihrer Alarmmeldung. Zunächst zum **Externalarm:** Sicher haben Sie an vielen Einfamilienhäusern und Villen schon die sogenannten Blitzleuchten gesehen. Stellt die Anlage einen Einbruch oder einen Einbruchsversuch fest, wird außerhalb des Hauses ein externer optischer Alarm ausgelöst. Möglich sind auch akustische Signale (Sirenen). Nachbarn und Passanten erfahren dadurch, dass irgendetwas nicht in Ordnung ist und alarmieren die Polizei (so sollte es zumindest sein). Viele Täter verlieren dann die Nerven und ergreifen die Flucht. Denn wie gesagt: Einbrecher hassen Lärm und Licht. Der Nachteil: Letztlich erreicht dieser Alarm nur eine weitgehend anonyme Öffentlichkeit. Niemand weiß, wie der Nachbar reagiert. Vielleicht schließt er nur die Fenster, weil er sich von dem Lärm oder den Lichtsignalen gestört fühlt. Und wenn am Ende gar kein Nachbar oder Passant in der Nähe ist, bringt der Externalarm gar nichts, allenfalls schreckt er den Einbrecher ab. Außerdem kann es häufig zu Fehlalarmen kommen. Rückt die Polizei vergeblich an, müssen Sie für diesen Einsatz in der Regel zahlen.

Der **Internalarm** ist – wie der Begriff schon sagt – nur für die Personen wahrnehmbar, die sich in der Wohnung oder im Gebäude befinden. Auch er kann optisch oder akustisch erfolgen. Wird das Signal ausgelöst, wissen Sie, dass sich eine fremde Person in Ihrem Haus befindet. Wenn Sie sich nicht in Gefahr begeben wollen, informieren Sie in solchen Situationen umgehend die Polizei, schließlich wissen Sie nicht, wozu der Täter in der Lage ist.

Der **Fernalarm** wird über Telefon-Festnetz, Mobiltelefon oder Internettelefon zum Beispiel an ein Wach- und Sicherheitsunternehmen geleitet, das dann die weiteren Schritte unternimmt. Mit diesem Unternehmen sollten Sie im Vorfeld einen Interventionsplan vereinbaren, in dem festgelegt wird, was im Fall der Fälle genau zu unternehmen ist. Sobald feststeht, dass es sich um keinen Fehlalarm handelt, informiert der Wachdienst die Polizei. Wir empfehlen Ihnen, gezielt nachzufragen, ob der betreffende Dienstleister über eine VdS-Zertifizierung verfügt. Und dass der Wachdienst rund um die Uhr an 365 Tagen im Jahr arbeiten muss, sollte an und für sich selbstverständlich sein.

Für welche Variante sollten Sie sich also entscheiden? Ideal erscheint eine Kombination aus Intern- und Fernalarm. Auf diese Weise erfahren Sie, dass sich ein Fremder in Ihrem Haus oder in Ihrer Wohnung befindet, und Sie können sich – falls möglich –, in Sicherheit bringen. Gleichzeitig erfährt der Wachdienst von Ihrem Problem und alarmiert die Polizei.

Das Bankschließfach als Alternative

Der solideste Tresor schützt Ihre Wertgegenstände freilich nicht, wenn Einbrecher Sie mit einer Waffe bedrohen. Um Leib und Leben zu schützen, werden sie den Tresor öffnen. Daher macht ein Wertschließfach bei Ihrer Bank normalerweise mehr Sinn. Außerdem ist diese Art der Verwahrung erheblich günstiger als der Kauf eines eigenen Tresors. Allerdings werden in manchen Regionen bei den Banken und Sparkassen die Schließfächer knapp, teilweise gibt es sogar Wartelisten. Eine Alternative bieten Edelmetallhändler und bankenunabhängige Unternehmen, die ihren Kunden Wertschließfächer anbieten. Beispielhaft seien an dieser Stelle Degussa Goldhandel, pro aurum sowie die Start-ups Trisor und Asservato genannt. In Österreich kann man seine Goldschätze (und natürlich alle anderen Wertgegenstände, die in die betreffende Kassette passen) etwa im Tresor Palais Coburg (Wien) oder in „Meine Schatzkammer" sicher verwahren. Nachteil dieser Anbieter: Sie sind in der Regel deutlich teurer als Banken oder Sparkassen und nur in Großstädten vertreten.

Bei den bankenunabhängigen Unternehmen sind die im Schließfach aufbewahrten Werte in der Regel ausreichend versichert (trotzdem gezielt nachfragen). Manche Bankschließfächer weisen eine geringe Versicherungssumme auf. Gegebenenfalls sollte man diese Summe gegen Aufpreis erhöhen. Teilweise decken auch gute Hausratsversicherungen den Inhalt in Banken-Schließfächern. Dazu gleich mehr.

Im Schadensfall ist es oft allerdings schwierig nachzuweisen, wie viel Gold im Fach lag. Für alle Gegenstände im Schließfach sollten Sie daher Kaufbelege, Expertisen von Fachleuten und Fotografien aufheben, um den Besitz nachweisen zu können. Ein weiterer Tipp: Sie sollten den Inhalt der Aufbewahrungskassette zusammen mit einer aktuellen Tageszeitung, deren Erscheinungsdatum klar erkennbar sein muss, fotografieren.

Eine sehr sichere, flexible und diskrete Alternative zur Verwahrung Ihrer Edelmetalle bietet die GVS-Hochsicherheitslagerung (www.goldvorsorge.at). Einlagerung und Auslagerung sind jederzeit von überall aus möglich. Der Kunde genießt mithin weltweite Flexibilität und ist an keinen Ort gebunden. Die Geschäfte können über den Webshop, telefonisch, per E-Mail oder persönlich in allen GVS-Niederlassungen abgewickelt werden. Der jeweilige Lagerort ist Teil eines internationalen Netzwerks von GVS-Hochsicherheitslagern. Es gibt zahlreiche Handelsknotenpunkte für Edelmetalle auf der Welt. GVS handelt an jedem dieser Standorte und hat entsprechende Hochsicherheits-Tresore für die Lagerung der Edelmetalle seiner Kunden vor Ort. Der große Vorteil bei diesen Handelsknotenpunkten ist, dass man Edelmetalle in kürzester Zeit von einem Ort zum nächsten verbringen kann – und dies bei echter Sicherheit. Ein weiterer Vorteil: Die verwahrten Wertgegenstände werden absolut vertraulich behandelt. Das heißt, die Namen der Kunden werden weder an ein Schließfachregister noch an irgendwelche anderen Vermögensregister oder Behörden weitergegeben. Ein großer Vorteil vor allem gegenüber den Wertschließfächern der Banken. Da die Daten der im Hochsicherheitslager verwahrten Wertgegenstände auch niemals online gespeichert werden, haben Hacker keine Chance.

Die passende Versicherung

Nehmen wir an, Sie möchten zumindest einen Teil Ihrer Goldbarren und -münzen zu Hause aufbewahren. Dann reicht eine normale Hausratsversicherung nicht aus. Üblicherweise gelten nämlich die folgenden Obergrenzen (diese können jedoch je nach Versicherungsunternehmen abweichen; im Zweifel daher nachfragen):

- → Bargeld:
  maximal 1.500 Euro
- → Urkunden, Sparbücher, Wertpapiere:
  maximal 3.000 Euro
- → Teurer Schmuck, Gold, Briefmarken:
  maximal 25.000 Euro.

Gegen Aufpreis und entsprechende Maßnahmen (Tresor, Alarmanlage) sind auch höhere Risiken versicherbar. Wer kostbare Wertsachen wie Schmuck und Gold in seiner Wohnung aufbewahrt, sollte unbedingt mit seinem Versicherer sprechen. Spezialisten ermitteln dann den Wert, informieren über den optimalen Versicherungsschutz und darüber, ob spezielle Sicherungsmaßnahmen erforderlich sind – und falls ja – welche.

Wichtig: Selbst wenn Sie Ihre Goldstücke in einem Bankschließfach aufbewahren, sollten Sie diese über eine entsprechende Hausrats-Police versichern lassen. Der Inhalt der Bankschließfächer ist – wie erwähnt – meist nur in relativ geringer Höhe gedeckt. Die Banken wissen nicht, was Sie in Ihren Schließfächern aufbewahren – und Sie wollen es auch gar nicht wissen. Einige besonders leistungsstarke Hausrats-Policen bieten hier gezielten Schutz an. In den Versicherungsbedingungen ist das Kundenschließfach dann explizit erwähnt. Manche Versicherungen führen das Kundenschließfach unter dem Stichwort „Außenversicherung“ auf.

Praxistipp:

Einen kleinen Vorteil kann eine Hausratsversicherung selbst im Schadensfall haben: Hausratsversicherungen sind klassische Neuwertversicherungen. Das heißt, im Schadensfall erstatten sie nicht den Anschaffungs-, sondern den Wiederbeschaffungspreis. Wer also Gold einst zu einem günstigen Preis gekauft hat, erhält im Versicherungsfall den aktuellen Marktpreis erstattet. Das gilt jedoch auch, wenn Sie für Ihre kleinen Goldschätze einen höheren Marktpreis ausgegeben haben.

6. In „Papiergold“ investieren

Wenn Sie Ihr Basisinvestment in Gold und Silber in physischer Form aufgebaut haben, kann es Sinn machen, mit einem kleineren Teil Ihres Vermögens Wertpapiere auf Edelmetallbasis zu kaufen. Das ist bequem und lässt sich per Mausklick erledigen. Allerdings: Von Diskretion kann dann keine Rede mehr sein. Schauen wir uns trotzdem etwas genauer an, welche Investments als Abrundung Ihres physischen Gold- und Silber-Engagements grundsätzlich in Betracht kommen.

Minen-Aktien

Im Grunde handelt es sich dabei um eine Aktien-Anlage. Nur, dass Sie nicht in die Anteilsscheine von Banken, Automobilherstellern oder Chemiekonzernen investieren, sondern in Gesellschaften, die nach Goldminen suchen oder diese bereits betreiben. So gilt es, zwischen folgenden Unternehmen zu unterscheiden:

1. Explorationsgesellschaften (sie suchen nach profitablen Goldvorkommen mit der Absicht, gegebenenfalls später mit der Produktion zu beginnen).

2. Angehende Produzenten (diese Unternehmen verfügen bereits über Ressourcen und stehen kurz davor, die Produktion aufzunehmen).

3. Juniorproduzenten (Unternehmen, die erst die Produktion aufgenommen haben).

4. Seniorproduzenten (Unternehmen, die bereits seit vielen Jahren produzieren; viele bringen es auf eine Jahresproduktion von mehr als 500.000 Unzen).

Spontan würde ein sicherheitsorientierter Anleger vermutlich in erster Linie in Aktien von Seniorproduzenten investieren. Das freilich muss nicht immer die beste Wahl sein, denn die Gewinnchancen sind bei einem etwas spekulativeren Investment in die Anteilsscheine von Juniorproduzenten durchaus höher.

Bei genauem Hinsehen weisen Goldminenaktien gleichermaßen Vor- und Nachteile auf, die Sie kennen sollten, um ganz individuell zu entscheiden, ob diese Anlageform für Sie die richtige ist.

Die Vorteile:

+ Laufen die Geschäfte der Gesellschaft gut, erhalten Sie Dividendenzahlungen. Sie realisieren also laufende Einnahmen, was bei physischem Edelmetallbesitz nicht der Fall ist.

+ Die Wertpapiere werden in Ihr Depot eingebucht, das heißt, Sie haben kein Transport- und Aufbewahrungsrisiko.

+ Im günstigen Fall profitieren Sie von einer Hebelwirkung, was das folgende Beispiel verdeutlicht. Angenommen, der Preis pro Feinunze Gold liegt bei 1.000 US-Dollar (bei Redaktionsschluss des vorliegenden Buches war der Preis erheblich höher, wir wählen diesen Betrag nur, um einfacher rechnen zu können). Nun klettert der Preis auf 1.300 US-Dollar. Wer also eine Unze besitzt, darf sich über einen Gewinn von 30 Prozent freuen (Währungsunterschiede lassen wir bei dieser vereinfachten Darstellung ebenfalls außen vor). Nehmen wir ferner an, die Produktionskosten für eine Unze lägen bei 700 US-Dollar. Nun steigen diese Produktionskosten natürlich nicht, wenn sich der Marktpreis für das Gold erhöht. Bisher lag der Gewinn für den Produzenten bei 300 US-Dollar (1.000 minus 700), nun macht er 600 US-Dollar aus (1300 minus 600). Das heißt, der Gewinn der Gesellschaft verdoppelt sich, der Aktienkurs steigt.

Die Nachteile:

- Die Aktien- oder Fondsanlage ist nicht diskret. Über die automatisierte Konten- und Depotabfrage können Finanz- und Sozialbehörden jederzeit und ohne Ihr Wissen erfahren, welche Bankverbindungen Sie unterhalten.

- Jeder, der eine Aktie kauft, geht ein unternehmerisches Risiko ein. Das heißt, die Wertentwicklung Ihrer Anlage hängt nicht nur vom Goldpreis ab, sondern von weiteren wirtschaftlichen und politischen Risiken, denen das Unternehmen ausgesetzt ist. Im schlimmsten Fall droht die Pleite – und Ihnen der Totalverlust des investierten Kapitals.

- Sie haben nicht, wie beim Erwerb von physischem Edelmetall, einen Stabilitätsanker im Vermögensportfolio, sondern sind dem Auf und Ab an den Kapitalmärkten ausgeliefert. Bei einem Crash verlieren so gut wie alle Aktien erheblich an Wert – unabhängig von der Branche der entsprechenden Gesellschaft.

- Für Erträge aus Aktienanlagen zahlen Sie Abgeltungsteuer. Gewinne durch Preissteigerungen beim Gold im physischen Besitz sind – wie schon erwähnt – nach Ablauf der einjährigen Spekulationsfrist hingegen steuerfrei.

Goldminen-Aktienfonds

Fondsgesellschaften und Banken verdienen an Investmentfonds nicht schlecht – und daher versuchen sie, ihren Kunden diese Form der angeblich risikoreduzierten Aktienanlage mit zwei Argumenten schmackhaft zu machen. Erstens werde das Vermögen des Kunden breit gestreut, also in Aktien unterschiedlicher Unternehmen investiert. Und zweitens profitiere der Anleger vom Know-how des Fondsmanagements und dem professionellen Research der Fondsgesellschaft. Klingt zunächst überzeugend, doch was ist von diesen Argumenten wirklich zu halten?

Die Möglichkeiten der Risikostreuung (bisweilen auch Diversifikation genannt) erscheinen bei Branchenfonds – und dabei handelt es sich bei Goldminen-Aktienfonds – sehr begrenzt. Letztlich darf das Fondsmanagement eben nur in Aktien von Minengesellschaften investieren. Ein international anlegender Blue chip-Fonds hat da wesentlich mehr Diversifikations-Möglichkeiten. Dessen Management kann das Geld der Kunden in die führenden Unternehmen unterschiedlicher Branchen und auf verschiedenen Märkten investieren. Doch selbst breit aufgestellte Fonds unterliegen Risiken. Stürzt der komplette Markt infolge eines Crashs ab, hilft auch die Diversifikation nicht weiter. Der Wert pro Fondsanteil wird mit großer Wahrscheinlichkeit ebenfalls deutlich sinken. Insofern reduziert die Diversifikation nur das Risiko von einzelnen Aktien, nicht aber jenes des breiten Marktes.

Ob schließlich das Management tatsächlich so hervorragende Arbeit leistet, können Sie als Außenstehender kaum einschätzen. Die Wertentwicklung der zurückliegenden Jahre mag ein wichtiger Indikator sein, doch Sie als Investor interessieren sich naturgemäß für die Zukunft. Wissen Sie, ob der in der Vergangenheit so erfolgreiche Fondsmanager überhaupt noch für die betreffende Gesellschaft tätig ist oder nicht zwischenzeitlich den Arbeitgeber gewechselt hat? Bedenken sollten Sie ferner die Ausgabeaufschläge sowie die jährliche Vergütung und eventuell die Gebühren der Depotbank, bei der das Fondsvermögen verwaltet wird. Selbst wenn Sie Ihre Fondsanteile bei einem Online-Broker erwerben, müssen Sie für die unten stehenden Goldminen-Aktienfonds Ausgabeaufschläge zwischen 2,5 und 5 Prozent zahlen und mit jährlichen Gebühren zwischen 1,5 und über 2 Prozent rechnen. Das bedeutet im Klartext: Wenn Sie zum Beispiel Fondsanteile im Wert von 50.000 Euro mit einem Ausgabeaufschlag von 5 Prozent kaufen, verlieren Sie schon mal 2.500 Euro. Anschließend muss Ihre Geldanlage um 5,3 Prozent performen, damit Sie wieder den Einstiegspreis erreichen.

Beispiele für Goldminenfonds

Fonds	ISIN-Kennnummer
Blackrock Global Funds World Gold	LU0055631609
Sprott Alpina Gold Equity Fund	CH0002783535
Amundi Gold Stock	AT0000857040

Zertifikate

In den vergangenen Jahren erfreuten sich Zertifikate der besonderen Wertschätzung der Anleger. Allerdings nur bis zur spektakulären Pleite von Lehman Brothers. So mancher Investor machte damals die Erfahrung, dass eben das sogenannte Emittenten-Risiko – also bei einer Pleite des Ausgebers der Zertifikate im schlimmsten Fall einen Totalverlust zu erleiden – nicht nur eine abstrakte Größe ist. Oft wurden Zertifikate als preiswerte Alternativen zu Fonds apostrophiert. Doch die Unterschiede sind erheblich. Der wichtigste: Zertifikate sind Inhaberschuldverschreibungen, die in der Regel von Banken aufgelegt werden, die sich dadurch refinanzieren. Mit anderen Worten, mit dem Erwerb eines Zertifikats geben Sie der Bank einen Kredit. Die Höhe der Rückzahlung ist von der Preisentwicklung eines bestimmten Basiswerts abhängig. Steigt der Basiswert – also zum Beispiel Aktien oder Gold – dürfen Sie sich als Anleger freuen. Umgekehrt haben Sie das Nachsehen. Überdies tragen Sie das Emittentenrisiko: Geht die Bank, welche das Zertifikat ausgegeben hat, Pleite, verlieren Sie im schlimmsten Fall Ihre Einlagen komplett. Anders bei Fonds. Diese müssen die Gelder ihrer Kunden bei einer Depotbank als Sondervermögen anlegen. Gerät die Fondsgesellschaft in die Insolvenz, wird das angelegte Kapital nicht angetastet.

Auf dem Markt gibt es zahlreiche höchst unterschiedliche Zertifikat-Typen. Die Palette reicht von sicherheitsbetonten Produkten bis hin zu Hebelzertifikaten. Zur letztgenannten Kategorie gehören zum Beispiel die Knock-out-Zertifikate. Sie funktionieren – vereinfacht ausgedrückt – folgendermaßen: Der Anleger zahlt nicht den vollen Preis eines Zertifikats, sondern nur einen Teil. Im Ergebnis erhält er bei gleichem Kapitaleinsatz somit mehr Zertifikate. Gleichzeitig profitiert er aber im Verhältnis 1:1 von der Wertsteigerung. Ein einfaches Beispiel: Der Kurs des Basiswerts (im Fachjargon Underlying genannt), liegt bei 1.000 Euro. Dieser Basiswert kann etwa der Goldpreis sein. Ein Emittent begibt nun ein Knock-out-Zertifikat, für das der Anleger nur 200 Euro zahlen muss. Die restlichen 800 Euro gleichen einem Kredit. Allerdings markiert der Betrag von 800 Euro auch die Knock-out-Schwelle. Investiert ein Anleger 1.000 Euro, erhält er dafür fünf Knock-out-Zertifikate. Steigt der Goldpreis um zehn Prozent, darf er sich über einen Gewinn von 50 Prozent freuen (fünf mal zehn Prozent). Kreuzt der Goldpreis aber die Knock-out-Schwelle (also 800 Euro), verliert er Anleger das eingesetzte Kapital. Insofern ähneln Knock-out-Zertifikate Optionsscheinen, auf die wir gleich noch zu sprechen kommen werden.

Wenn Sie sich für Zertifikate entscheiden, sollten Sie sich der Tatsache bewusst sein, dass Sie in Papiergold investieren. Als echte Krisenvorsorge sind diese Wertpapiere kaum geeignet.

ETFs (Exchange Traded Funds)

Eigentlich sind ETFs Indexfonds, die an der Börse gehandelt werden. Allerdings wurden in den vergangenen Jahren zahlreiche ETFs aufgelegt, die auf Edelmetallen, vor allem auf Gold und Silber, basieren. Im Grunde genommen handelt es sich um Exchange-Traded Commodities (ETCs), also um an der Börse gehandelte Rohstoffe. Der entscheidende Unterschied gegenüber konventionellen Zertifikaten: Für die ETFs wird der jeweilige Rohstoff – also zum Beispiel Gold – physisch hinterlegt. Theoretisch besteht zwar ein Emittentenrisiko, praktisch aber haben die Anleger immer ein direktes Anrecht auf das bei einer anderen Bank gelagerte Gold. Das heißt, das Vermögen der Goldanleger wird auch im Fall einer Insolvenz der Fondsgesellschaft nicht angetastet. Es handelt sich um Sondervermögen. Entscheidet sich ein Anleger für ETFs – mit deren Hilfe man sogar auf fallende Goldpreise setzen kann –, sollte er darauf achten, dass der Fonds währungsbesichert ist. Denn bekanntlich wird der Goldpreis in US-Dollar fixiert. Sinkt der Wert des Greenbacks, geht dies ansonsten auf Kosten der über steigende Edelmetallpreise in Euro erzielten Renditen. Klassische Gold-ETFs sind in Deutschland zum Vertrieb jedoch nicht zugelassen.

Gold ETCs (Exchange Traded Commodities)

Diese Produkte gleichen den beschriebenen Gold-Zertifikaten. Es handelt sich also ebenfalls um befristete Schuldverschreibungen. Als Investor tragen Sie das Emittentenrisiko. Macht der Herausgeber eines ETC Pleite, haben Sie Ihr Geld verloren. Sie erwerben mit diesen ETCs kein physisches Gold, allerdings das Anrecht auf die Lieferung von Gold. Klingt gut, doch wenn der Emittent insolvent ist, nutzt Ihnen dieses Anrecht auch nicht viel. Notfalls müssen Sie den Anspruch auf Lieferung sogar vor Gericht durchsetzen. Wenn Sie sich für Zertifikate entscheiden, investieren Sie in Papiergold. In den ETC-Verkaufsprospekten ist daher vielfach nur von „physisch hinterlegtem" Gold die Rede. Daraus lässt sich kein besicherter Anspruch ableiten, der Ihnen als Investor im Fall der Fälle den Zugriff auf das Edelmetall vermöglicht.

Im Mai 2015 fällte der Bundesgerichtshof zwei interessante Urteile. Danach dürfen vollständig durch Gold gedeckte ETCs, bei denen Anleger gegenüber dem Emittenten ausschließlich die Lieferung von Gold verlangen können, nicht mit der Abgeltungssteuer belastet werden (BHF-Urteil vom 12. Mai 2015, Az. VIII R4/15 und VIII R35/14).

Xetra-Gold

Praktisch nach demselben Prinzip wie ein ETF funktioniert das bei vielen Anlegern beliebte und von der Deutschen Börse Commodities im Dezember 2007 auf den Markt gebrachte Xetra-Gold. Es handelt sich um eine Nullzinsanleihe. Jedes Wertpapier verbrieft die Lieferung von Gold. Hierzu erwirbt die Emittentin entsprechende Mengen an Gold, die in den Tresoren der Verwahrstelle Clearstream Banking AG in Frankfurt gelagert werden. Das Geld der Anleger ist somit zum größten Teil mit physischem Gold besichert. Xetra Gold ermöglicht es dem Kunden, ab einem Anteil von einem Gramm in das gelbe Edelmetall zu investieren. Das heißt, der Wert der Anteile bezieht sich auf ein Gramm Feingold.

Grundsätzlich haben die Anleger das Recht, sich ihr Xetra-Gold jederzeit an ihre Bank ausliefern zu lassen – vorausgesetzt, das Geldinstitut ist bereit, das Edelmetall entgegenzunehmen. Allerdings muss bei der Auslieferung des Goldes mit nicht unbeträchtlichen Gebühren gerechnet werden, die den Preisvorteil gegenüber dem direkten Kauf von Goldbarren und –münzen wieder aufzehren.

Optionsscheine

Die einen schwören darauf und schwärmen von einem Rendite-Turbo dank Hebeleffekt, die anderen sehen darin fast schon „Teufelszeug", das allenfalls für Hasardeure und Spekulanten, nicht aber für den gediegenen Anleger geeignet erscheint. In jedem Fall eilt Optionen und Optionsscheinen der Ruf voraus, außerordentlich komplex und kompliziert zu sein. Natürlich gibt es auch Optionsscheine, deren Basiswert (Underlying) Gold ist. Und deshalb möchten wir aus Gründen der Vollständigkeit dieses Anlageinstrument kurz vorstellen. Mit Optionsscheinen können Sie auf steigende Kurse und Preise setzen (Call-Optionsscheine), aber auch auf fallende (Put-Optionsscheine). In beiden Fällen gehen Sie Termingeschäfte ein. Sie sichern sich mit dem Erwerb eines Optionsscheins, der nichts anderes ist als eine verbriefte Option, das Recht, zu einem bestimmten Termin oder innerhalb eines festgelegten Zeitraums den entsprechenden Basiswert zu einem im Voraus fixierten Preis (Ausübungs- oder Strike-Preis) zu kaufen oder zu verkaufen. Der Verkäufer des Optionsscheins – im Fachjargon Stillhalter genannt – übernimmt diese Verpflichtung und erhält hierfür den Optionspreis.

Ein simples Beispiel: Sie kaufen einen Optionsschein, der Ihnen das Recht verbrieft, zu einem Termin X den Basiswert für 1.000 Euro zu erwerben. Liegt der Preis des Basiswertes dann zum Beispiel bei 1.200 Euro, werden Sie die Option ausüben, immerhin können Sie 200 Euro sparen. Liegt der Basiswert bei 750 Euro, üben Sie die Option nicht aus, schließlich ist der aktuelle Marktpreis günstiger. In diesem Fall verfällt die Option – und der Stillhalter hat ein Geschäft gemacht.

Mit einem Put-Optionsschein erwerben Sie das Recht, einen Basiswert zum Termin X beispielsweise für 1.000 Euro zu verkaufen. Angenommen, zum Stichtag liegt der Marktpreis aber höher. Dann wäre es ebenfalls unsinnig, von der Option Gebrauch zu machen, immerhin liegt der Marktpreis über dem Strike. Läge er darunter (etwa bei 800), hätten Sie einen Gewinn eingefahren.

In den meisten Fällen wird der Basiswert nicht ausgeliefert, vielmehr werden die Positionen durch Barausgleich glattgestellt. Das heißt, Sie erhalten im Idealfall Ihren Gewinn vom Stillhalter ausgezahlt.

Wichtig sind im Zusammenhang mit Optionsscheinen folgende Fachbegriffe:

Eine Option ist „im Geld“, wenn der Marktpreis des Basiswertes höher ist als der Strike (bei Calls) oder der Marktpreis geringer ist als der Strike (bei Puts). In diesem Fall besitzt die Option einen „inneren Wert“.

Eine Option ist „aus dem Geld“, wenn der Marktpreis des Basiswertes kleiner als der Strike (Call) oder der Basiswert höher als der Strike (Put) ist. Befinden sich

Marktpreis und Basispreis auf etwa gleichem Niveau, ist die Option „am Geld".

Praxisbeispiel Call-Optionen

Marktpreis: 100 Euro, Strike: 80 Euro = „im Geld"
Marktpreis: 100 Euro, Strike: 130 Euro = „aus dem Geld"

Praxisbeispiel Put-Optionen

Marktpreis: 100 Euro, Strike: 130 Euro = „im Geld"
Marktpreis: 100 Euro, Strike: 80 Euro = „aus dem Geld"

Natürlich gibt es auch zahlreiche Optionsscheine mit den Basiswerten Gold und Silber. Sie können damit spekulative Wetten auf die künftige Preisentwicklung bei Edelmetallen abschließen oder zum Beispiel Ihre Goldbestände absichern, indem Sie auf fallende Goldkurse setzen. Fällt der Goldpreis tatsächlich, machen Sie einen Teil Ihrer Verluste durch Gewinne mit Ihren Put-Optionsscheinen wett (Experten nennen das „Hedging"). Nachteil: Fällt der Goldpreis nicht, üben Sie die Option nicht aus. Sie müssen die gezahlte Prämie abschreiben. Hedging mag die Nerven beruhigen, ist aber leider immer recht teuer.

Was also könnte Sie motivieren, in Optionsscheine zu investieren? Es ist – wie bei den bereits erwähnten Knock-out-Zertifikaten – der sogenannte Hebel. Mit dessen Hilfe können Sie einen eventuellen Gewinn beim Basiswert (also zum Beispiel Gold oder Aktien) vervielfachen, weil Sie eben für einen Optionsschein weniger zahlen als für den entsprechenden Basiswert, aber von Gewinnen in vollem Umfang profitieren. Leider kann sich der Hebeleffekt allerdings auch zu Ihrem Nachteil auswirken und Ihnen überproportionale Verluste bescheren. Der Hebel wird errechnet, indem Sie den aktuellen Kurs des Basispreises durch den aktuellen Preis der Option dividieren.

7. Goldgedeckte Stablecoins – wirklich ein Dreamteam?

Wenn man aus nachvollziehbaren Gründen nicht mehr den Papier- oder Fiatwährungen vertraut, stellt sich die Frage, ob eher Gold oder Digitalwährungen wie Bitcoins & Co. als Alternative in Frage kommen. Digital-Nerds ziehen wohl die Kryptowährungen vor, auf Sicherheit und weniger Volatilität bedachte Anleger hingegen Gold. Doch mehr und mehr verschmelzen die beiden Assets zu Kombilösungen; sprich: goldgedeckte Stablecoins oder sogar digitales Zentralbankgeld (CBDC) auf Goldbasis. Was ist davon zu halten?

Längst sind Gold oder Kryptowährungen keine Frage des „Entweder-oder" mehr, sondern des „Sowohl als auch". Im Juni 2023 berichtete das Fachmagazin BTC-Echo, die Investmentfirma der königlichen Familie von Abu Dhabi habe US-amerikanische Aktien im Umfang von mehreren Milliarden Dollar verkauft und gleichzeitig Gold und Kryptowährungen erworben. Bereits zuvor war bekannt geworden, dass auch der Staatsfonds von Bhutan in Kryptowährungen investiert habe. Sind die Kryptos also das neue Gold? Sicher nicht, denn noch weist das gelbe Edelmetall deutliche Vorteile gegenüber der Digitalwährung auf. Dazu gleich mehr. Richtig aber ist, dass Bitcoins & Co. zunehmend zur Diversifikation von größeren Vermögens-Portfolios genutzt werden. Beide Assets – Gold und Kryptos – stellen Alternativen zum von

Inflation und dramatisch steigenden Staatsschulden bedrohten Fiat-Geld dar.

Derweil begegnen sich Gold und Digitalgeld auch auf einer anderen Ebene. Die sogenannten Stablecoins, die man aufgrund ihres Preisbindungsmechanismus an eine Währung, einen Währungskorb oder andere Assets als weniger volatile Kryptos bezeichnen könnte, sind teilweise goldgedeckt. Konkret: der Token ist an den aktuellen Goldpreis gekoppelt (unter einem Token versteht man Bausteine für Handlungen mit Kryptowährungen; Token sind darüber hinaus Voraussetzungen für Transaktionen auf einer Blockchain). Durch diese Koppelung soll eine im Vergleich mit anderen Kryptos geringere Preisvolatilität erzielt werden.

Schauen wir uns die 5 führenden goldgedeckten Kryptowährungen etwas genauer an:

1. Perth Mint Gold Token (PMGK)

Er gilt als einer der solidesten goldgedeckten Kryptowährungs-Token, wird er doch von einem echten Goldblock der renommierten Perth Mint in Westaustralien gedeckt.

Gewicht und Reinheit werden von der australischen Regierung garantiert. Der Grundstein für Perth Mint wurde bereits im Jahr 1896 gelegt; sie ist damit die älteste Münzprägeanstalt auf dem 5. Kontinent. Sie prägt unter anderem so bekannte Edelmetallmünzen wie die Lunar-Serien in Gold und Silber, die Silbermünze Kookaburra, die Platinmünze Koala und Goldbarren. Im Oktober 2011 stellte Perth Mint sogar einen Rekord auf: Sie stellte eine Goldmünze mit einem Durchmesser von rund 80 Zentimetern und einer Dicke von über 12 Zentimetern her.

2. DigixGlobal (DGX)

Hinter dem DGX steht ein Unternehmen in Singapur. Das Gold zur Unterlegung des Token wird sowohl in dem Stadtstaat als auch in Kanada gelagert. Ein Token dieser Digitalwährung entspricht 1 Gramm Feingold. Die Token lassen sich im Übrigen auch gegen physisches Gold eintauschen, wofür allerdings eine Gebühr fällig wird.

3. Gold Coin (GLC)

Dabei handelt es sich um eine sozusagen gestückelte Art von goldgedeckter Kryptowährung. Im Klartext heißt dies, ein Coin entspricht dem Bruchteil eines Gramms Gold. Der Vorteil von GLC: Im Gegensatz zu anderen goldgedeckten Kryptowährungen sind die Gold Coins noch relativ günstig zu erwerben. Ein weiterer Vorteil ist, dass GLC die Blockchain Ethereum verwendet, die als eine der sichersten Plattformen gilt.

4. Tether Gold (XAUT)

Ebenfalls eine erst Adresse ist XAUT, denn deren Emittent ist auch für die Ausgabe des größten US-Dollar-gestützten Stablecoins verantwortlich. Jeder Tether Gold Token steht für eine einzelne Unze Gold eines Londoner Standardbarrens. Tether bewahrt seine Goldreserven bei Swiss Vault auf. Auf deren Internetseite kann man nach der Seriennummer des jeweiligen Goldbarrens suchen.

5. Meld Gold (MCAU)

Bei Meld Gold handelt es sich um ein australisches Start-up. Mithilfe einer riesigen Plattform möchte Meld Gold den Kauf und Verkauf von Gold durch eine Kombination mit der aktuellen Goldlieferkette neu strukturieren.

Bilanz: Gold vs. Digitalwährungen

Ziehen wir an dieser Stelle also Bilanz – was spricht für digitale Währungen wie Bitcoins & Co. und was für Gold?

→ Bitcoins & Co. haben sich in der Vergangenheit als äußerst volatil erwiesen. Aber auch der Goldpreis ist zum Teil kräftig gefallen und wieder gestiegen. Fest steht aber: Einen Totalverlust musste kein Gold-Investor jemals hinnehmen; im Gegenteil, langfristig ist der Goldpreis stetig gestiegen. Einen solchen „Track-Record" gibt es bei den Kryptos noch nicht. Wer also auf Nummer Sicher gehen möchte, sollte Gold vorziehen.

→ Gold kann man (noch) bis zu einem Schwellenbetrag von 1.999,99 Euro in Deutschland und 9.999,99 Euro in Österreich anonym erwerben. Mit dem in Deutschland geltenden Schwellenbetrag kommt der Anleger nicht weit, außerdem muss er spätestens beim Verkauf damit rechnen, sich legitimieren zu müssen. Bei Kryptowährungen ist die Anonymität derzeit noch weitgehend gewährleistet (nicht hingegen bei den geplanten digitalen Zentralbankwährungen, den CBDCs).

→ Gold kann man sicher verwahren; wer in Kryptos investiert, muss immer mit Hackern und anderen Cyber-Kriminellen rechnen.

→ Gold ist ein Wertspeicher, Kryptos sind hingegen vor allem von nomineller Natur; sprich: für Transaktionen und den privaten Zahlungsverkehr konzipiert.

→ Gold ist Gold. Egal, ob man in Barren oder Münzen investiert. Bei den Digitalwährungen gibt es eine für Laien kaum noch überschaubare Vielfalt (Bitcoins, Altcoins, Stablecoins, CBDC).

Fazit

Für den auf Sicherheit bedachten, konservativen Anleger ist und bleibt Gold die beste Wahl. Für risikobewusstere Anleger im mittleren Alter kann eine Beimischung von Kryptowährungen durchaus interessant erscheinen. Allerdings bleibt abzuwarten, welche auf Gold basierenden Stablecoins sich in den nächsten Jahren durchsetzen werden. Die Wertstabilität des Goldes hat sich in vielen Jahrhunderten bewährt. Einen solchen „Track record“ haben die Digitalwährung nicht einmal annähernd auszuweisen.

8. Exkurs: Silber, Palladium und Platin – Edelmetalle für die Portfolio-Beimischung

Mitunter heißt es, Silber sei das „Gold des kleinen Mannes“. Tatsächlich steht dieses Edelmetall bis heute auch in den Medien im Schatten der Aufmerksamkeit. Dafür ist Silber in der Industrie umso begehrter, ja in weiten Teilen sogar unverzichtbar. Gestatten Sie, dass wir schon an dieser Stelle den Unterschied zwischen Gold und Silber plakativ auf den Punkt bringen: Gold wird gehortet (zum Beispiel im Tresor oder in der Schmuckschatulle), Silber hingegen wird verbraucht.

Warum spielt Silber als Industriemetall eine so bedeutende Rolle? Dies hängt zusammen mit seinen ganz besonderen Eigenschaften. Es handelt sich um ein weiches, gut verformbares (duktiles, wie es im Fachjargon heißt) Schwermetall, das sich durch eine hohe elektrische und thermische Leitfähigkeit auszeichnet. Silber hat darüber hinaus eine keimtötende Wirkung und wird deshalb unter anderem in der Lebensmittelhygiene und Medizin genutzt. Im Alltag begegnet uns Silber gleichsam auf Schritt und Tritt. Wussten Sie, dass für ein durchschnittliches Auto etwa zwei Unzen Silber gebraucht werden – vor allem für silberbeschichtete Schalterelemente? Sogar der in Deutschland umgesetzte Ausstieg aus der Atomenergie wird den Silberverbrauch weiter erhöhen, schließlich braucht man das Edelmetall zur Herstellung von Solar-Paneelen und zur Wasseraufbereitung.

Die führenden Silber-Nachfrager in Prozent der Gesamtnachfrage

Industrie	54
Physische Investitionen (Kapitalanlage)	22
Schmuck	17
Silberware	4
Fotografie	3

Quelle: Silver Institute, World Silver Survey 2021

Bereits im Mai 2009 erschien eine umfangreiche Studie, die vom renommierten Fraunhofer Institut sowie vom Institut für Zukunftsstudien und Technologiebewertung im Auftrag des Bundeswirtschaftsministeriums erstellt wurde. Demnach kommen viele Zukunftstechnologien nicht ohne Silber aus. Das weiße Edelmetall wird unter anderem für die sogenannten RFID-Transponder gebraucht. Eine hohe Nachfrage nach Silber besteht ferner bei der Produktion von Silber-Zink-Akkumulatoren (Batterien in mobilen Informations- und Kommunikationstechnologien) und Silber-Katalysatoren in Brennstoffzellen. Schließlich dürfte die Bedeutung von Nano-Silber bei antibakteriellen Anwendungen zunehmen. Auch für Displays, Farbstoffzellen und solartechnische Kraftwerke braucht man signifikante Mengen an Silber. Seitens dieser Zukunftstechnologien wurden schon im Jahr 2006 über 5.300 Tonnen Silber nachgefragt. Das entspricht etwa 26 Prozent der Jahresproduktion. Aktuellen Schätzungen zufolge, wird der Bedarf im Jahr 2030 schon bei knapp 16.000 Tonnen liegen, was etwa 78 Prozent der Jahresproduktion entspricht. Das heißt im Klartext: Allein die Hersteller von Spitzentechnologien dürften 2030 fast vier Fünftel der jährlichen Silberproduktion nachfragen. Zugleich ist die Ressourcenreichweite des Silbers ausgesprochen überschaubar. Gelingt es, die vorhandenen Ressourcen voll auszuschöpfen, also die verborgenen Silberschätze zu heben, dann werden wir maximal noch 30 Jahre Silber fördern, Gold mehr als 37 Jahre, Nickel rund 100 Jahre und Zink sogar über 200 Jahre. Geologische Gutachten warnen bereits heute vor einer Erschöpfung der Silbervorräte in der sogenannten „dünnen Erdkruste" in den Jahren 2025 bis 2035. In diesem Bereich kommt nur Silber vor.

RFID-Transponder – was verbirgt sich dahinter?

Sie sind teilweise kleiner als ein Reiskorn – und haben doch nicht weniger als eine technologische Revolution ausgelöst. Die Abkürzung RFID steht für „Radiofrequency Identification". Mitunter werden RFID-Transponder auch als Funketiketten bezeichnet. Das Etikett befindet sich zum Beispiel an Waren, die Sie im Handel erwerben. Sie senden Daten automatisch und berührungsfrei an ein Lesegerät weiter. Diese Technologie ist auch anderweitig vielseitig einsetzbar, zum Beispiel auf Personalausweisen oder auf EC-Karten. Man mag dazu stehen, wie man will, fest steht jedoch, dass RFID-Systeme in den nächsten Jahren erheblich an Bedeutung gewinnen werden. Daraus resultiert eine weiter steigende Silber-Nachfrage.

Silber mit hoher Volatilität

Es gehört zum kleinen Ein-mal-eins der Kapitalanlage, immer auf eine breite Streuung des eingesetzten Kapitals zu achten und damit die Risiken zu diversifizieren. Ich empfehle im Bereich Edelmetalle Gold und Silber als Basis-Investments, für „Fortgeschrittene" können in geringerem Umfang Platin und Palladium in Frage kommen. Jedes Investment – und sei es noch so vielversprechend – birgt Risiken. Das trifft natürlich auch auf Silber zu. Die Preisentwicklung dieses Edelmetalls war in den zurückliegenden Jahrzehnten deutlich volatiler als beim Gold. Im Jahr 1932 musste man für eine Feinunze Silber 0,24 US-Dollar zahlen. Am 18. Januar 1980 waren es 50 US-Dollar. Dann folgte ein Absturz bis Anfang der 1990er Jahre. Bis zur Jahrtausendwende bewegte sich der Silberpreis unter geringeren Schwankungen seitwärts, bis etwa ab dem Jahr 2005 eine geradezu fulminante Performance einsetzte. Im Frühjahr 2011 lag der Preis pro Feinunze erneut bei rund 50 US-Dollar. Danach ging der Silberpreis vorübergehend wieder zurück und bot attraktive Einstiegspreise. Im Dezember 2023 kostete eine Unze Silber rund 24,50 Euro.

Die starke industrielle Silbernachfrage hat eine Kehrseite: Bricht die Konjunktur ein, fällt meist auch der Preis dieses Edelmetalls. Aufgrund der Volatilität des Silbers sollte dieses Edelmetall als eine etwas spekulative Depot-Beimischung mit Potenzial angesehen werden. Verlieren Sie also nicht die Geduld, wenn der Silberpreis wieder einmal vorübergehend einbrechen sollte.

Wichtige Faktoren, die den Silberpreis beeinflussen

- Entwicklung des Dollar-Kurses (Silber wird in US-Dollar gehandelt)
- Preisentwicklung und Förderquoten der Metalle, bei denen Silber als Nebenprodukt gefördert wird
- Konjunkturentwicklung
- Politische Krisen, Schuldenkrisen, Währungsturbulenzen
- Weltweite Lagerbestände

Direkt oder indirekt in Silber investieren?

Alles, was ich auf den vorangegangenen Seiten im Zusammenhang mit Gold zu dieser Frage ausführte, gilt gleichermaßen für Silber. Ich empfehle, den größten Teil Ihres Silber-Budgets physisch zu investieren, das heißt, Sie sollten Silbermünzen oder –barrren erwerben. Früher waren Silbermünzen begehrt, weil Sie dafür nur sieben Prozent Mehrwertsteuer zahlen mussten. Mittlerweile gilt für Silberbarren und –münzen ein einheitlicher Mehrwertsteuersatz von 19 Prozent, in Österreich 20 Prozent. Allerdings gibt es die Möglichkeit, Silbermünzen differenzbesteuert zu erwerben. Das heißt, die Mehrwertsteuer wird lediglich auf die Differenz zwischen Einkaufs- und Verkaufspreis des Händlers berechnet. Das gilt allerdings nur für sogenannte Rückläufer, also für Silbermünzen, die der Händler von privaten Anlegern zurückkauft und anschließend wieder verkauft. Es liegt auf der Hand, dass sie Differenzbesteuerung deutlich geringer ausfällt als die Regelbesteuerung, eben besagte 19 bzw. 20 Prozent.

Physische Edelmetalle sind sichere Reserven für Notfälle. Es handelt sich mithin um einen eher langfristigen Haltebestand. Wer sich ein solides Gold- und Silberportfolio aufgebaut hat, wird seine Münzen und Barren sicher nicht ohne Not verkaufen, also wieder in Papiergeld zurückverwandeln. Anleger, die sich daneben noch einen kleinen „Handelsbestand" an Gold und Silber aufbauen möchten, können durchaus einen geringen Teil ihres Edelmetall-Engagements in Wertpapiere investieren.

In Frage kommen hierfür zunächst natürlich die Aktien von Silberproduzenten. Allerdings sollten Sie genauer hinschauen, welchen Stellenwert das Silber für das betroffene Unternehmen hat. KGHM Polska Miedz und BHP Billiton gelten zwar als die weltweit führenden Silberproduzenten, allerdings sind beide Unternehmen breit aufgestellt. Das heißt, das Silber hat nur einen geringen Einfluss auf die Gewinnerwartung. Daneben gibt es die sogenannten primären Silberproduzenten. Deren Erfolg steht und fällt mit der Marktentwicklung dieses Edelmetalls. Wenn Sie also in Aktien mit größtmöglicher Korrelation zur Entwicklung des Silberpreises investieren möchten, dann kommen beispielsweise die Aktien der folgenden Unternehmen in Betracht:

Die wichtigsten primären Silberminenaktien

Unternehmen	Anteil des Silbers an den Gesamterlösen in Prozent	ISIN-Kennnummer
Silver Wheaton	94	CA8283361076
Coeur Mining	76	US1921085049
Pan American Silver	71	CA6979001089
Fresnillo	56	GB00B2QPKJ12
Hecla Mining	42	US4227041062

Quelle: Bloomberg, eig. Recherche

Allerdings gilt auch für Silberaktien dasselbe, was ich zum Thema Goldaktien ausgeführt habe: Als Aktionär übernehmen Sie ein zusätzliches unternehmerisches Risiko, das unabhängig von der Preisentwicklung des Silbers sein kann (zum Beispiel Managementfehler).

Selbstverständlich gibt es darüber hinaus Exchange Traded Funds (ETFs) auf Silber-Basis, zum Beispiel von i-Shares, vom Bankhaus Julius Bär und der Zürcher Kantonalbank. Hier die wichtigsten Produkte mit ISIN.

Produkt	ISIN-Kennnummer
Zürcher Kantonalbank: ZKB Silber ETF (€)	CH0183135992
Swisscanto: Silber Physical ETF	CH0106405860
i-shares: Silver Trust	US46428Q1094

Besonders spekulativ veranlagte Silber-Investoren können sich schließlich auch für Optionsscheine auf Silber entscheiden. Doch wie wir bereits im Zusammenhang mit Gold betonten, bestehen hier hohe Verlustrisiken, weshalb diese Derivate nur für erfahrene und risikobewusste Anleger in Frage kommen sollten. Für den Aufbau eines soliden und stabilen Edelmetall-Depots eignen sich, wie gesagt, vor allem Münzen und Barren.

Bekannte Silber-Anlagemünzen

- Kookaburra
- Silber-Koala
- Australia Känguru
- Silber-Philharmoniker
- Silber-Andorra
- Silber Maple Leaf

Praxistipp

Ganz gleich, welche Silbermünze Sie erwerben – Silber ist Silber. Ich bevorzuge den Silber Maple Leaf. Diese Münze hat eine Reinheit von 999,9 Silber. Die anderen kommen auf eine Reinheit von 999. Das mag kein großer Unterschied sein, doch hat die Royal Canadian Mint mit ihrer „Four-nine-fine"-Münze Maßstäbe gesetzt. Der Silber Maple Leaf gehöre zu den beliebtesten Silbermünzen der Welt, schreibt denn auch der Bestseller-Autor und Edelmetall-Experte Peter Krauth in seinem Buch *The Great Silver Bull*, das unter dem Titel *Der große Silber Bulle* in deutscher Sprache 2023 im KOPP-Verlag erschienen ist.

Platin und Palladium als Beimischung

Ebenso wie Silber gehören Platin und Palladium zu den „weißen Edelmetallen", die in der Industrie gebraucht werden. Ich empfehle Platin und Palladium nur als Beimischung, wenn bereits ein ausreichendes Gold- und Silberportfolio aufgebaut wurde. Bedenken sollten Sie nicht zuletzt die höhere steuerliche Belastung. Während Sie Goldmünzen und –barren zur Kapitalanlage mehrwertsteuerfrei erwerben können, werden Sie im Fall von Platin und Palladium mit 19 Prozent bzw. in Österreich mit 20 Prozent zur Kasse gebeten. Als Privatanleger müssen Sie diese Steuer selbst tragen, das heißt, Sie haben keine Möglichkeit, diese Belastung als Vorsteuer beim Finanzamt geltend zu machen. Dieser Nachteil lässt sich jedoch umgehen, indem Sie Ihre Platin- oder Palladiumbarren in einem Zollfreilager verwahren lassen. Dann fällt keine Mehrwertsteuer an, es sei denn, Sie wünschen die physische Auslieferung Ihrer Bestände oder Teile davon.

Manche Edelmetallfans möchten ihre Sammlung mitunter um die eine oder andere Platin- oder Palladiummünze anreichern. Dagegen ist prinzipiell nichts einzuwenden, doch lassen sich schnelle Gewinne damit nicht erzielen.

Platin: Das gewichtige Edelmetall

Kaum zu glauben, aber bis ins 18. Jahrhundert war Platin beinahe wertlos. Es diente vor allem als Dekoration von Porzellan. Doch dann entdeckte man die besonderen Eigenschaften dieses Edelmetalls. Platin ist ein besonders schweres, sehr korrosionsbeständiges, grauweißes Metall. Es wird unter anderem zur Herstellung von Autokatalysatoren, Laborgeräten, Zahnimplantaten und Kontaktwerkstoffen verwendet. Daneben spielt Platin bei der Schmuckherstellung eine wichtige Rolle.

Wenn Sie sich für Platin entscheiden, können Sie – abgesehen von entsprechenden ETFs – Platinbarren oder Münzen mit einem Feingehalt von 999,5/1000 erwerben. Davon zu unterscheiden ist das sogenannte Juwelierplatin, eine Legierung, die zu 96 Prozent aus Platin und zu vier Prozent aus Kupfer besteht. Fasserplatin wiederum setzt sich aus 96 Prozent Platin und vier Prozent Palladium zusammen. Bei Investments sollte beachtet werden, dass dieses Edelmetall in der Vergangenheit noch volatiler war als das Silber. Platinbarren und -münzen erhalten Sie bereits in kleinsten Stückelungen (zum Beispiel 1/20 Unze, entsprechend 1,55 Gramm).

Bekannte Platin-Anlagemünzen

- Platin-Koala
- Platin-Philharmoniker
- Platin Noble
- Platin Maple Leaf

Palladium: Ein Verwandter des Platins

Das 1803 von William Hyde Wollaston entdeckte Palladium wurde nach dem Asteroiden Pallas benannt. Es gehört – ebenso wie das verwandte Platin – zur Nickelgruppe. Palladium wird überwiegend in der Industrie eingesetzt (Auto-Katalysatoren, Dentalbereich, Elektronikprodukte), selten auch zur Schmuckherstellung.

Bekannte Palladium-Münzen

- Palladium Maple Leaf
- Palladium Australian EMU
- Palladium Cook Islands

9. Das Gold- und Silber-Minilexikon

Ag: Elementsymbol für Silber. Steht für Argentum (lateinischer Begriff für Silber). Die Ordnungszahl des Silbers als chemisches Element ist 47. Silber gehört zur Gruppe der Übergangsmetalle.

Agio: Synonym für Aufgeld oder Aufschlag. Steht für die Preisdifferenz zwischen dem Wert eines Anlageprodukts und dem dafür berechneten Preis. Diese Differenz ergibt sich aus den Kosten für Logistik und Prägung sowie aus der Handelsspanne.

Altgold: Steht für Gold, das bereits in Schmuck oder Uhren verarbeitet wurde.

Avers: Bezeichnung für die Haupt- bzw. Vorderseite einer Münze. Der Begriff geht auf das lateinische adversus zurück, was soviel bedeutet wie vorn oder zugekehrt. Üblich ist die Abkürzung Av. Auf der Vorderseits einer Münze erscheinen in der Regel die Hoheitszeichen des betreffenden Staates, der die Münzen ausgibt.

Barren: Übliche Form von eingeschmolzenen und anschließend erstarrten Edelmetallen. Die gängigsten Größen bei Goldbarren sind 10, 20, 50, 100, 500 und 1.000 Gramm.

Bruchgold: Gebrochenes oder beschädigtes → Altgold. Es besteht nur noch aus Teilstücken.

COMEX: Abkürzung für Commodities Exchange. New Yorker Börse für Rohstoffe (Aluminium, Gold, Kupfer und Silber), gegründet im Juli 1933. Anfang August 1994 wurde die COMEX mit der NYMEX (New York Mercantile Exchange) verschmolzen, an der unter anderem Benzin, Erdgas, Erdöl, Kaffee, Kohle, Palladium, Platin und Stahl gehandelt werden.

Duktilität: Steht für die Eigenschaft eines Werkstoffs, sich bei übermäßiger Belastung zunächst zu verformen, bevor er bricht. Silber zeichnet sich durch eine hohe Duktilität aus.

Edelmetalle: Sammelbegriff für Metalle, die nur schwer mit anderen Stoffen reagieren. „Edel" steht in der Chemie für „reaktionsarm" oder „reaktionsträge". Das heißt, Edelmetalle reagieren zum Beispiel im Gegensatz zu Eisen nicht sehr schnell mit Sauerstoff und bilden kein Oxid. Zu den Edelmetallen gehören neben Gold und Silber auch Platin und Palladium.

ETC: Abkürzung für Exchange Traded Commodities. Unbefristete Schuldverschreibungen, die physisch mit den Basiswerten (also zum Beispiel Silber oder Gold) besichert werden.

ETF: Abkürzung für Exchange Traded Funds. Börsennotierte Fonds, die es auch auf der Basis von Edelmetallen gibt, also etwa Gold- oder Silber-ETFs.

Feingehalt: Gibt an, wie hoch der Anteil von reinem Gold in einer Münze, in einem Barren oder Schmuckstück ist. Der höchste Reinheitsgrad liegt bei 999,9 Promille („four nine fine").

Feinunze: Gewichtseinheit für Edelmetalle. Eine Feinunze entspricht dabei etwa 31,104 Gramm. Gold- und Silberpreise werden im Handel mit Dollar je Unze angegeben.

Gedenkmünzen: Im Zusammenhang mit besonderen Ereignissen oder Personen geprägte Münzen. Meist in limitierter Zahl hergestellt, haben diese Münzen vor allem eine numismatische Bedeutung.

„Good-delivery“: Englischer Begriff, steht für „in guter Auslieferung“. Er steht gleichsam als Gütesiegel für Edelmetallbarren, das die eingeprägte oder gestanzte Feinheit und das Gewicht bestätigt. Barren dieser Art entsprechen dem Weltstandard und werden daher rund um den Globus gehandelt und akzeptiert.

Handgehoben: Begriff für Münzen, die von Hand aus der Prägemaschine entnommen werden und nicht mit anderen Münzen in Berührung kommen. Es handelt sich entweder um Münzen in der Qualität „Stempelglanz“ oder „Silberglanz“.

ISO-Währungscode: Von der International Standardization Organization festgesetzte und aus drei Buchstaben bestehende Kennung für verschiedene internationale Währungen, zum Beispiel USD für US-Dollar. Der ISO-Währungscode für Gold lautet XAU, für Silber XAG.

Kurantmünzen: Münzen, bei denen der Edelmetallgehalt dem Nennwert entspricht. Kurantmünzen bestehen meist aus Gold oder Silber. Das Gegenteil sind Scheidemünzen.

Legierung: Goldschmuck oder Uhrengehäuse können verschiedene Reinheitsgrade aufweisen. Sie sind abhängig vom Gewichtsanteil des reinen Goldes. Durch Legierungen wird Gold mit anderen Legierungsmetallen, zum Beispiel Kupfer oder Silber, verbunden. So besteht 333er Gold nur zu 33 Prozent aus reinem Gold. Bei 585er oder 750er Gold ist der Anteil des gelben Edelmetalls entsprechend höher.

Medaille: Gedenk- oder Schauprägung, die zu besonderen Gelegenheiten hergestellt, als Ehrenauszeichnung vergeben oder als Schmuck oder Kunstobjekte geschaffen wird. Im Gegensatz zur Münze ist eine Medaille kein offizielles Zahlungsmittel und wird daher auch mit keinem Nennwert versehen.

Nominalwert: Der Nominal- oder Nennwert einer Goldmünze gibt an, wie hoch der Geldwert der Münze ist, wenn diese als Zahlungsmittel eingesetzt wird. Dieser kann sich vom Materialwert und auch vom Sammlerwert deutlich unterscheiden. Der Herausgeber der Münze legt den Nennwert fest, der zudem üblicherweise auf die Münze aufgeprägt wird.

Oz: Abkürzung für → Unze.

Polierte Platte (PP): Dieser Begriff steht für ein bestimmtes Herstellungsverfahren von Münzen und gleichzeitig für den besten Erhaltungszustand. PP-Münzen werden aus polierten → Ronden mit speziell polierten Stempeln mehrfach geprägt. Die Fläche erscheint reflektierend, die Erhebungen hingegen scheinen matt zu sein. PP-Münzen sind bei Sammlern sehr begehrt und erzielen meist deutliche Preisaufschläge.

Revers: Rückseite einer Münze

Ronde: Synonym für Schrötling oder Platte. Diese Begriffe bezeichnen den Münzrohling vor der Prägung.

Stempelglanz: Bezeichnung für den bestmöglichen Erhaltungszustand einer normal geprägten Münze. Es handelt sich um prägefrische Münzen, die keinerlei Umlaufspuren aufweisen. Der beim Prägen entstandene Glanz muss erhalten sein.

Xetra-Gold: Eine auf Goldbestände lautende nennwertlose Anleihe. Xetra-Gold ist damit eine börsengehandelte Inhaberschuldverschreibung, die einen Anspruch auf die Lieferung von Gold garantiert.

Zahngold: Zahnüberzüge oder Zahnfüllungen aus Gold. Bei Händlern wird Zahngold wie Bruchgold behandelt.

Zollfreilager: Physische Edelmetallbestände können in einem Zollfreilager aufbewahrt werden, zum Beispiel in der Schweiz. Der Investor spart damit die beim Kauf fällige Mehrwertsteuer. Lässt sich der Kunde später seine im Zollfreilager aufbewahrten Münzen oder Barren aushändigen, muss er die Mehrwertsteuer nachträgliche entrichten.

Nachwort

Keine Frage, es gibt gute Gründe, dem sogenannten Fiat-Geld (also Geld ohne inneren Wert) zu misstrauen. Ein erfolgreicher mittelständischer Unternehmer in Bayern, dessen Name ich aus Sicherheitsgründen nicht erwähnen darf, hat ein solches Misstrauen gegen unser ungedecktes Geld entwickelt, dass er den Keller seines Hauses nachgerade zu einem privaten Fort Knox umbauen ließ und seither dort seine Goldbarren lagert, die einen beträchtlichen Wert repräsentieren. Das klingt schon ein wenig nach Dagobert Duck, der in seinen Goldstücken badete.

Doch im Ernst: Wie groß darf oder sollte der Goldanteil an einem liquiden Vermögen sein? Nicht zu liquidem Vermögen gehören Vermögenswerte, die nicht kurzfristig wieder zu Geld gemacht werden können, also zum Beispiel Immobilien, aber auch Festgeld mit einer Laufzeit von mehr als einem Jahr. Die Frage nach dem maximalen Goldanteil lässt sich nicht pauschal beantworten, weil dies in entscheidendem Maß natürlich von der Höhe des Vermögens und dem Alter des betreffenden Anlegers abhängt. Oft ist die Faustformel zu hören, 100 minus Lebensalter ergebe den idealen Anteil von Aktien, Aktienfonds oder ETFs im Portfolio. Das aber ist nichts anderes als eine Marketingformel jener, die ihre Aktienprodukte verkaufen möchten. Denn ein 70-jähriger sollte sein Vermögen nicht zu 30 Prozent in Aktien anlegen. Denn kommt es zu einem Crash, so bliebe ihm – so makaber das klingen mag – vielleicht nicht mehr genug Zeit, um eine Erholung der Märkte abzuwarten.

Auch hinsichtlich des Gold- und Silberanteils im Portfolio ist oft eine Art Faustformel zu hören: maximal 10 Prozent des liquiden Vermögens. Ich halte 20 bis 25 Prozent für vertretbar, sofern der Anleger über ein vergleichsweise hohes Vermögen (ca. ab 100.000 Euro) und ein gutes regelmäßiges Einkommen (Gehalt, Rente, private Altersversorgung usw.) verfügt und gegebenenfalls die eigene Immobilie bereits schuldenfrei oder weitgehend entschuldet ist. Wer 20 oder 25 Prozent in Gold investiert, sollte jedoch allenfalls nur einen kleinen Teil in Aktien, Aktienfonds oder ETFs anlegen, um nicht einer doppelten hohen Volatilität ausgesetzt zu sein (Gold und Aktien). Der Rest kann dann zum Beispiel in Anleihen von bonitätsstarken Emittenten oder in konservative Sparformen wie Tagesgeld oder Festgeld fließen. Falls Sie doch stärker in Aktien investieren möchten, dann beschränken Sie Ihren Goldanteil im Portfolio auf 10 bis 15 Prozent.

Wie gesagt, diese unverbindliche Empfehlung gilt für Anleger mit relativ hohem Vermögen. Aber auch für den durchschnittlichen Sparer macht es Sinn, ab und zu Gold- oder Silbermünzen zu erstehen. Denn Gold ist und bleibt – unabhängig von gelegentlichen Schwankungen – ein wertbeständiger Stabilisator, der noch dazu längerfristig eine interessante steuerfreie Rendite verspricht. Nicht von ungefähr stockten die führenden Zentralbanken in den vergangenen Jahren ihre Goldbestände massiv auf. In dieser Hinsicht wurde 2022 ein neuer Rekord aufgestellt. Noch nie hatten die Zentralbanken so viel Gold gekauft wie in den Monaten nach Ausbruch des Ukraine-Kriegs. Sie werden wissen, warum.

Ob Sie, liebe Leserin, lieber Leser, in Gold investieren möchten oder nicht, bleibt natürlich ihre ganz persönliche Entscheidung. Mit dem vorliegenden kleinen Ratgeber habe ich Ihnen jedenfalls wichtiges Basiswissen zu vermitteln versucht, damit auch Einsteiger auf Augenhöhe mit Goldhändlern und Bankern verhandeln können.

Ich wünsche Ihnen viel Erfolg bei Ihren Investment-Entscheidungen

Ihr

Michael Brückner

Wien/Mainz im Januar 2024

Goldvorsorge GVS group

Zusammenfassung der wichtigsten Besonderheiten der GVS-Hochsicherheitslagerung
GVS ist die internationale Abkürzung von Goldvorsorge.

Jederzeit kaufen & verkaufen

Einlagerungen und Auslagerungen sind jederzeit von überall aus möglich. Bei unserem GVS-System der Hochsicherheitslagerung sind Sie also an keinen Ort gebunden, denn Sie genießen weltweite Flexibilität. Gerne wickeln wir Ihre Lagergeschäfte über den Webshop, telefonisch, per E-Mail oder persönlich in allen unseren GVS-Niederlassungen ab. Einen Kauf können Sie über alle gängigen Zahlungsarten und in jeder Währung tätigen. Diese Möglichkeiten stehen Ihnen genauso beim Verkauf zur Verfügung.

Sie besitzen schon Edelmetalle? Sehr gut, auch diese können Sie bei uns persönlich oder per Versand einlagern. Wir überprüfen alles auf Echtheit und halten Ihre Edelmetalle im Lagervertrag fest. Diese Dokumentation ist die Basis für die 100 %-ige Versicherung.

Beispiele zur flexiblen Nutzung unseres Hochsicherheitslagersystems:

- Sie sind auf Geschäftsreise in Asien und möchten ein überraschendes Investmentangebot nützen. Wir überweisen Ihnen den Betrag auf Ihr Konto.

- Sie sind auf Safari in Afrika und Ihre Reisekassa geht verloren. Innerhalb weniger Stunden haben Sie wieder ausreichend Geld mittels Western Union zur Verfügung.
- Ihr/e Partner/in hat einen ausgiebigen Shoppingtrip geplant. Wir überweisen auf Ihr Kreditkartenkonto, um den Einkaufsrahmen zu erhöhen.

Flexible Vollmachten

Sie können jederzeit Bevollmächtigungen erteilen. Nur jene Personen, die Sie bevollmächtigen, können über Ihre gelagerten Edelmetalle verfügen. Wenn Sie eine Änderung wünschen, reicht eine Nachricht an uns und diese Bevollmächtigung wird angepasst oder wieder gestrichen. Die Lebensumstände ändern sich oftmals, daher haben Sie bei GVS volle Flexibilität und somit Sicherheit in jeder Situation.

Weiters können individuelle Vereinbarungen bei den Bevollmächtigten eingerichtet werden, wie zum Beispiel:
- Zwei oder mehrere Personen können nur gemeinsam verfügen.
- Verkauf/Überweisungen sind nur bis zu einem gewissen Betrag möglich.
- Verfügungsmöglichkeit nur im Ablebensfall.

Weltweites Netzwerk

Ihr GVS-Lagerort ist Teil eines internationalen Netzwerks von GVS-Hochsicherheitslagern. Es gibt zahlreiche Handelsknotenpunkte für Edelmetalle auf der Welt. GVS handelt an jedem dieser Standorte und hat entsprechende Hochsicherheits-Tresore für die Lagerung Ihrer Edelmetalle vor Ort.

Der große Vorteil bei diesen Handelsknotenpunkten ist, dass man Edelmetalle in kürzester Zeit von einem Ort zum nächsten verbringen kann. Jeder GVS Kunde hat dadurch „echte Sicherheit“.

Denn sollte sich in einem Land die Situation nachteilig für Edelmetalle entwickeln, dann werden wir durch unser weitreichendes Informationsnetzwerk innerhalb der Branche vorab davon erfahren. Anschließend kontaktieren wir unsere Kunden, um einen geeigneteren GVS-Lagerort zu finden. Innerhalb unseres Netzwerks ist ein Transport Ihrer Bestände jederzeit umsetzbar.

Keine zusätzlichen Kosten

Aufgrund unserer internationalen Handelstätigkeit können Sie an jedem GVS-Lagerort ohne zusätzliche Transport- oder Versicherungskosten kaufen und verkaufen.

Steuerfreier Kauf und steuerfreie Erträge

Für viele Rohstoffe fällt beim physischen Kauf Umsatzsteuer an. An den meisten GVS-Lagerorten ist es allerdings möglich, Silber, Platin und Palladium steuerfrei zu kaufen und anschließend einzulagern.

Kombinieren Sie diese Möglichkeit mit einem weiteren großartigen Vorteil dieser Anlageklasse: Nach einer Haltefrist von einem Jahr und einem Tag können Sie Ihre Edelmetalle gänzlich steuerfrei verkaufen.

Marktupdates, Newsletter & Videos von Goldvorsorge Chefökonom Thomas Bachheimer

Goldvorsorge Chefökonom Thomas Bachheimer betreibt die größte deutschsprachige Informationsplattform, um freie Meinung und Information einfach und kostenfrei zugänglich zu machen – www.bachheimer.com

Es gibt laufend interessante Videos zu verschiedensten Themen, wie zur Hochsicherheitslagerung und Infos zum aktuellen Marktgeschehen:

Hochsicherheitslagerung der Goldvorsorge:
https://www.youtube.com/watch?v=vCg3vPFmULE&t=230s

Schließfachregister. Meldefreie Alternativen.
Risiko Schließfächer:
https://www.youtube.com/watch?v=naaREDSg2Gw&t=28s

Vorträge zu weiteren interessanten Themen wie Inflation und Geldpolitik können hier online abgerufen werden:
https://video.gvs-kongress.at/video.php?logincode=pfOQybYUel4X9MCON8en1VOEieQtmknSvPJM4JGz

Langjährige Erfahrung

Die GVS ist seit über 20 Jahren in der Edelmetallbranche tätig und zählt zu den größten Edelmetallhäusern Europas. Alle Unternehmen der GVS sind zu 100 % bankenunabhängig und schuldenfrei. Zusätzlich wird die Hochsicherheitslagerung durch ein eigenständiges Unternehmen innerhalb dieser Unternehmensgruppe durchgeführt. Daher besteht keinerlei Handelsrisiko.

Diese Alleinstellungsmerkmale garantierten allen Kunden „echte Sicherheit".

GVS ist offizieller Distributor der weltweit führenden Prägestätten. Eine genaue Auflistung finden Sie im Webshop unter dem Punkt *Referenzen* (https://shop.goldvorsorge.at/referenzen). Die GVS handelt nicht zum Zweck der Geldvermehrung, sondern investiert selbst ausschließlich in Edelmetalle. Jede Fiat-Währung wird sofort wieder in Gold und Silber umgewandelt. So wie jeder GVS-Lagerkunde wollen wir selbst immer nur Edelmetalle besitzen. „Echte Sicherheit" hat immer Vorrang.

Vertraulichkeit, keine Register

Sie bleiben immer Eigentümer der verwahrten Edelmetalle – die GVS verwahrt diese lediglich in Ihrem Namen. Ihre Daten werden dabei absolut vertraulich behandelt und an niemanden weitergegeben. Wir sind zu 100 % bankenunabhängig und melden weder an das Schließfachregister noch irgendwelche anderen Vermögensregister oder Behörden.

Außerdem werden Daten zu Ihren gelagerten Edelmetallen niemals online gespeichert und sind dort auch nicht abrufbar. Somit sind Sie immer vor Hackern, unsicheren Servern oder Angriffen auf Ihre Daten geschützt. Ihre Edelmetalle sind immer genau auf dem Lagervertrag vermerkt. Diese Übersicht können Sie jederzeit anfordern und Sie ist nur von Ihnen einsehbar.

Unabhängige Lagerprüfungen

Entgegen der üblichen jährlichen Überprüfung werden die GVS-Hochsicherheitslager sogar zwei Mal jährlich einer umfangreichen Bestandskontrolle unterzogen. So ist sichergestellt, dass alle gelagerten Edelmetalle auch immer vollständig physisch vorhanden sind. Ebenso ist sichergestellt, dass sie nicht anderweitig verpfändet sind. Die dazugehörigen *Prüfberichte* (https://shop.goldvorsorge.at/lagerung/hochsicherheitslager-wien.html) finden Sie im Webshop beim jeweiligen Lagerort. Gerne stellt der Prüfer auch einen Einzelbericht für Ihr Lager aus.

Internationale Webshops

GVS betreibt zahlreiche Webshops in unterschiedlichen Ländern, Sprachen und Währungen. Mit Ihrer E-Mail-Adresse und Passwort können Sie in jedem dieser Onlineshops Kauf- und Verkaufsaufträge geben. Weiters können Sie uns auf diese Weise 256-Bit-verschlüsselte Nachrichten übermitteln, wie z.B. Änderung der Berechtigungen bei Ihrem GVS-Lagervertrag.

Wie eröffne ich mein Hochsicherheitslager bei der Goldvorsorge?
https://www.youtube.com/watch?v=WjpA5mycn24

Für weitere Informationen erreichen Sie uns unter:
+43 / 1 / 3305033
office@goldvorsorge.at
storage@gvs-bullion.com

Besuchen Sie unseren Shop:
shop.goldvorsorge.at
silbervorsorge.de

Impressum

Michael Brückner
Kompakt-Ratgeber
GOLD UND SILBER
ZUR VERMÖGENSSICHERUNG
Alles, was Einsteiger wissen sollten

Verlag Frank&Frei
Wien 2024
www.frankundfrei.online
t.me/verlagfrankundfrei

ISBN: 978-3-903236-84-4
eISBN: 978-3-903236-85-1

Gedruckt in der EU
Titelfoto: Shutterstock